公司法

新旧对照与条文解读

林一英　周荆　禹海波◎编著

法律出版社
LAW PRESS·CHINA
——北京——

图书在版编目(CIP)数据

公司法新旧对照与条文解读 / 林一英, 周荆, 禹海波编著. -- 北京 : 法律出版社, 2023(2025.3 重印)
ISBN 978 - 7 - 5197 - 8287 - 0

Ⅰ. ①公… Ⅱ. ①林… ②周… ③禹… Ⅲ. ①公司法－法律解释－中国 Ⅳ. ①D922.291.915

中国国家版本馆 CIP 数据核字(2023)第 252984 号

公司法新旧对照与条文解读
GONGSIFA XINJIU DUIZHAO YU TIAOWEN JIEDU

林一英　周　荆　禹海波　编著

策划编辑 蒋　橙
责任编辑 蒋　橙
装帧设计 李　瞻

出版发行 法律出版社
编辑统筹 法律应用出版分社
责任校对 邢艳萍
责任印制 刘晓伟
经　　销 新华书店

开本 A5
印张 7　**字数** 156 千
版本 2023 年 12 月第 1 版
印次 2025 年 3 月第 7 次印刷
印刷 北京金康利印刷有限公司

地址:北京市丰台区莲花池西里 7 号(100073)
网址:www.lawpress.com.cn
投稿邮箱:info@lawpress.com.cn
举报盗版邮箱:jbwq@lawpress.com.cn
销售电话:010 - 83938349
客服电话:010 - 83938350
咨询电话:010 - 63939796

书号:ISBN 978 - 7 - 5197 - 8287 - 0　**定价**:38.00 元
凡购买本社图书,如有印装错误,我社负责退换。电话:010 - 83938349

序　言

《公司法》是商事基本法，是社会主义市场经济制度的基础性法律。2019年初，全国人大常委会法工委成立由中央有关部门、部分专家学者参加的《公司法》修改起草组，并组成工作专班，开展起草工作，拉开《公司法》大修序幕。2021年12月、2022年12月、2023年8月，全国人大常委会三次审议公司法修订草案，并向社会公众广泛征求意见。

我国现行《公司法》于1993年制定，1999年、2004年对个别条款进行了修改，2005年进行了全面修订，2013年、2018年又对公司资本制度相关问题作了两次重要修改。今年正值《公司法》颁布三十周年，2023年12月29日，第十四届全国人大常委会第七次会议审议通过了《公司法》修订草案，这是自1993年《公司法》颁布以来，继2005年修订之后的第二次重大修订，是一次系统的、全面的修订。

本次修订前的《公司法》有218个条文，修订后的条文增加到266条，仅从条文数量上即可看出此次修订力度之大。在具体制度层面，新《公司法》对原《公司法》的多项法律制度做出调整并新增若干法律制度和具体规定。在新《公司法》的266个条文中，只有36个条文是从原《公司法》平移过来，其他230个条文中，有49个是新增条文，有181个条文有不同程度的修改和整合，新增和修改的条文约占新法条文总数的86%。

此次《公司法》修订贯彻落实党中央决策部署，坚持问题导向，深入总结实践经验，完善公司资本制度和公司治理结构，加强股东权利保护，强化控股股东、实际控制人和经营管理人员责任，对于完善中国特色现代企业制度、推动经济高质量发展意义重大，亮点纷呈，体现了科学立法、民主立法、依法立法，是习近平法治思想的生动实践。具体而言：

一、此次《公司法》修订很好地平衡了不同主体的诉求

一是很好地平衡了大股东和中小股东的权益。股权结构集中是中国公司的一个普遍现象，由此导致多数股东和少数股东之间的矛盾成为我国公司

治理实践中突出的问题，其中主要的表现就是控股股东滥用股东权利损害其他股东的利益。为了更好地发挥股东在监督公司治理方面的作用，新法在已有规定的基础上，增加了股东有权查阅会计凭证以及对全资子公司相关材料的查阅、复制权（第 57 条、第 110 条）、股份有限公司异议股东回购请求权（第 161 条）、引入了双重股东代表诉讼制度（第 189 条），进一步加强中小股东的权利保护；为了更好地实现股东平等，规定了等比例减资制度（第 224 条）；为了强化控股股东、实际控制人的责任，增加了控股股东、实际控制人实际执行公司事务的忠实、勤勉义务（第 180 条）以及作为影子董事的责任（第 192 条）。

二是很好地平衡了投资者和公司债权人利益的保护。股东有限责任和原《公司法》实行的公司资本认缴制，有利于提升投资者的积极性，激发创业活力，但实践中也出现股东认缴期限过长、注册资本虚高等违反诚信原则的行为，影响交易安全、损害债权人利益。为此，新法规定了股东出资加速到期制度（第 54 条）、转让未届出资期限股权的责任承担（第 88 条）以及五年最长认缴期限（第 47 条），完善了公司资本制度；将股东禁止权利滥用规则单独规定成条（第 21 条）、新增了横向人格否认规则（第 23 条）、违法减资的法律后果（第 226 条）等法律制度，以保护公司债权人的合法利益；同时，增加列举了可以用股权、债权非货币财产出资（第 48 条）、新增了简易减资（第 225 条）、简易注销公司登记（第 240 条）等制度，既有利于提升投资者的积极性，也有利于对公司债权人的利益保护。

三是很好地平衡了公司股东和董事的关系。新法规定了董事会对股东出资的核查、催缴义务（第 51 条）、作为股东失权规则的行权主体（第 52 条）、授权经理行使职权（第 126 条）、经授权发行股份（第 152 条）和发行公司债券（第 59 条）、董事作为公司清算义务人（第 232 条）等内容，突出董事会在公司治理中的中心地位；同时，又规定了董事无因解除下的赔偿制度（第 71 条）、董事责任险（第 193 条），完善了董事履职的保障机制。新法还规定了审计委员会对董事会相关决议的事前通过（第 137 条）、关联董事的回避表决制度（第 139 条、第 185 条），对董事与公司的自我交易（第 182 条）、谋取公司商业机会（第 183 条）、自营同类业务（第 184 条）进行了规范；还规定了董事违反法定义务的后果（第 51 条、第 53 条、第 163 条），进一步完善了董事对公司的忠实义务和勤勉义务（第 180 条）；首次规定了董事高级管理人员对第三人责任（第 191 条）以及控股股东、实际控制人作为影子董事的责任（第 192 条），建立了控股股东、实际控制人在公司治理中的责任承担规则,进一步理顺了股东和董事的权责和关系。

四是很好地平衡了职工和公司的利益。为进一步强化职工民主管理、保护职工合法权益,新法在立法目的中增加了保护“职工”合法权益的规定(第1条)、增加公司研究决定“解散、申请破产”时听取职工意见的规定(第17条)、规定公司董事会成员中的职工代表可以成为审计委员会成员(第69条、第121条),以增加职工在公司重大事项上的决策和参与。同时,新法规定达到一定职工人数的公司的董事会应当有职工代表(第68条),扩大了公司设立职工董事的义务;新法进一步强化公司的社会责任(第20条),要求公司充分考虑包括公司职工利益在内的社会公共利益,承担社会责任,有利于更好地平衡职工与公司的利益。

二、此次《公司法》修订包含了诸多重大制度创新

此次《公司法》修订,有许多制度创新和解决实际问题的举措,具体而言:

一是在体例上。新设“公司登记”专章,完善公司登记制度,进一步优化公司从设立到退出的各环节制度;在原《公司法》关于国有独资公司专节的基础上,设“国家出资公司组织机构的特别规定”专章,深入总结国有企业改革成果,强调国家出资公司中中国共产党的组织的领导作用,完善国家出资公司相关法律制度。

二是新增了若干法律制度。具体包括:设立了股东失权制度(第52条)、禁止财务资助制度(第163条)、无面额股制度(第142条)、类别股制度(第144条)、授权资本制(第152条)以及违法减资的法律后果(第226条),完善公司资本制度;引入审计委员会制度(第69条、第121条)、公司简易合并(第219条)、公司简易减资(第225条)、简易注销登记(第240条)、强制注销登记(第241条),加强公司治理结构;新设了董事无因解除下的赔偿(第71条)、董事责任保险(第193条)及董事对第三人的责任承担(第191条),保障董事依法履职,强化董事责任。

三是进一步完善已有制度。具体包括:明确会计凭证属于股东行使知情权查阅的范围,并进一步增加股东可以要求查阅、复制公司全资子公司相关材料的规定(第57条),允许设立一人股份有限公司(第92条),进一步完善了关联交易表决程序(第182条),新增了横向人格否认(第23条)及双重股东代表

诉讼制度(第189条),新增了可以按照规定使用资本公积金弥补公司亏损(第214条)等。

三、此次《公司法》修订解决了长期困扰审判实践的争议性问题

此次《公司法》修订立足问题导向,解决了长期困扰审判实践的争议性问题,尤其是司法实践中存在的需要通过修法弥补的空白、不足和应予统一适用的问题。具体表现在:新法关于横向人格否认(第23条)及双重股东代表诉讼制度(第189条),以及股东出资加速到期(第54条)、转让未届出资期限股权的责任承担(第88条)的规定,为司法实践处理相关问题提供了明确的法律依据;新法关于上市公司股权代持的相关规定(第140条)是在法律层面首次对上市公司股份代持问题作出规定,对认定上市公司股份代持行为的效力提供了明确的法律依据;新法关于控股股东、实际控制人执行公司事务时的忠实、勤勉义务(第181条)及作为影子董事的责任(第192条)的规定,为司法审判提供了明确的法律依据;新法规定的董事、高管人员职务侵权行为责任承担(第191条),以独立法条的形式将董事对第三人的责任确定为一般性条款,为第三人寻求司法救济提供了明确的法律依据。

四、此次《公司法》修订注重与《民法典》及其他法律规定的衔接

除《公司法》外,公司的经营活动往往还受其他法律的调整,对其他法律关系产生影响。此次《公司法》修订体现了法律的体系性与协调性,与《民法典》及其他法律规定进行了很好的衔接。具体表现在:明确董事为公司清算义务人(第232条),与《民法典》第70条保持一致;将公司登记事项未经登记或者未经变更登记不得对抗"第三人",修改为不得对抗"善意相对人"(第34条),与《民法典》第65条保持一致。规定股份有限公司向社会公开募集股份(第154条)、公开发行公司债券(第195条)及可转债(第202条),由核准制修改为注册制,与《证券法》规定的证券发行注册制保持一致;结合《证券法》及相关交易所债券上市规则,规定了债券持有人会议(第204条)及债券受托管理人制度(第205条),保护债券持有人的利益。结合《市场主体登记管理条例》及其实施细则的相关规定,明确公司依法办理歇业的不属于擅自停业(第260条);对撤销公司设立登记(第39条)、简易注销(第240条),给下位法预留制定具体规范的空间;规定公司登记机关应当将公司登记事项、解散事由等

信息通过国家企业信用信息公示系统向社会公示（第 32 条、第 229 条等）。

五、此次《公司法》修订吸收借鉴了公司实务的有益经验

一是吸收、借鉴了司法实务的有益经验。具体表现在：吸收了《公司法解释四》第 5 条，规定了公司决议不成立法律制度（第 27 条）；吸收了《九民纪要》第 11 条，规定了横向人格否认规则（第 23 条）；在《民法典》、原《公司法》、《公司法解释四》及相关规定的基础上，明确了公司决议被判决无效、被撤销或确认不成立的，公司依据该决议与善意相对人形成的民事法律关系不受影响（第 28 条）；吸收《公司法解释四》的相关规定，赋予了股东委托第三方中介机构进行查阅、复制的权利（第 57 条）；参考《公司法解释四》第 18 条，通过例举的方式，明确了对外股权转让的书面通知需载明股权转让的数量、价格、支付方式和期限等事项，对“同等条件”进行了明确的界定（第 84 条）。

二是吸收、借鉴了市场监管及公司登记实务的有益经验。具体表现在：整合、细化《市场主体登记管理条例》及其实施细则、《优化营商环境条例》《企业信息公示暂行条例》等规定，设“公司登记”专章，系统地规定了公司登记事项；结合实际情况，规定公司召开会议和表决可采电子通信方式（第 24 条）；结合简易注销制度已在全国推行数年的客观实际，将简易注销制度上升至《公司法》层面（第 240 条）。

三是吸收了《证券法》、交易所规则等证券金融实务的有益经验。具体表现在：结合《证券法》《上市公司信息披露管理办法》的有关规定，在《公司法》层面明确了上市公司应当依法、真实、准确、完整披露股东、实际控制人信息（第 140 条）；吸收《上海证券交易所股票上市规则》等规则的内容，规定上市公司控股子公司不得取得该上市公司的股份（第 141 条）。

六、此次《公司法》修订的相关表述更加统一、明确、规范

一是对相关法律术语进行了明确。具体表现在：根据《民法典》第 1259 条的规定，将《公司法》条文中的“半数以上”“二分之一以上”统一变更为“过半数”（第 66 条、第 72 条等），避免了适用中的争议；在表述义务性规范时，统一使用“应当”而非原《公司法》使用的“必须”（第 5 条等）；将“股东大会”“股东会”整合统一表述为“股东会”。

二是明确了相关会议的议事规则及表决权通过比例。具体表现在：新增

了股东会会议作出决议应当经代表过半数表决权的股东通过的规定（第 66 条）；规定董事会会议应当有过半数的董事出席方可举行。董事会作出决议，应当经全体董事的过半数通过（第 73 条）；将监事会表决通过的比例由“经半数以上监事通过”修改为“经全体监事的过半数通过”（第 81 条）；规定审计委员会作出决议，应当经审计委员会成员的过半数通过，审计委员会决议的表决，应当一人一票（第 121 条）。

三是对容易引起争议的表述进行了明确。如将实际控制人界定为“是指通过投资关系、协议或者其他安排，能够实际支配公司行为的人”，删除了原规定“虽不是公司的股东”的表述（第 265 条），以更好地界定实际控制人。

总而言之，新《公司法》的变化非常之大。为了更好地理解和实施新《公司法》，本书按照条文顺序，对新《公司法》的条文与原《公司法》的规定和现行其他规定进行对照，结合立法和司法实践，对新增和重大修订条文进行解读。

本书的特色之处：

（1）条文对照。本书的条文对照，除了原《公司法》及其司法解释的条文内容，还将《民法典》《证券法》《市场主体登记管理条例》等内容纳入对照范围，保证对照内容的全面、准确、实用。

（2）条文主旨。本书精确提炼了新《公司法》每一条的条文主旨，以明确法条中心意思，帮助读者快速、准确了解条文内容，定位目标条文。

（3）逐条解读。本书立足于将立法、司法与理论学说熔于一炉，兼顾理论性与实务性，能有效帮助读者理解并准确适用法条。

加粗的法条内容，为新《公司法》较原《公司法》新增的内容。需要说明的是，由于此次《公司法》修订是一次系统性的、全面的修法，有不少表述是根据立法技术规范所做的修改，如“依照”表述为“按照”，为减少不必要的阅读干扰，本书未再进行一一对照的严格标注。

书中所阐述的观点仅代表作者本人，不代表作者所供职单位的意见。由于时间仓促以及能力、经验所限，疏漏之处在所难免，敬请读者指正。

编　者

二〇二四年一月

法律法规缩略表

全　称	简　称
《最高人民法院关于适用〈中华人民共和国公司法〉若干问题的规定（二）》	《公司法解释二》
《最高人民法院关于适用〈中华人民共和国公司法〉若干问题的规定（三）》	《公司法解释三》
《最高人民法院关于适用〈中华人民共和国公司法〉若干问题的规定（四）》	《公司法解释四》
《最高人民法院关于适用〈中华人民共和国公司法〉若干问题的规定（五）》	《公司法解释五》
《最高人民法院关于适用〈中华人民共和国民法典〉有关担保制度的解释》	《民法典担保制度司法解释》
《最高人民法院关于适用〈中华人民共和国民法典〉总则编若干问题的解释》	《民法典总则编司法解释》
《全国法院民商事审判工作会议纪要》	《九民纪要》
《中华人民共和国公司法（修订草案二次审议稿）》	《公司法修订草案二》
《中华人民共和国公司法（修订草案三次审议稿）》	《公司法修订草案三》

目　录

第一章　总　　则

新《公司法》	原《公司法》及相关规定	释义与修法解读
第一条　【立法宗旨】为了规范公司的组织和行为，保护公司、股东、**职工**和债权人的合法权益，**完善中国特色现代企业制度，弘扬企业家精神，**维护社会经济秩序，促进社会主义市场经济的发展，**根据宪法，**制定本法。	**原《公司法》第一条**　为了规范公司的组织和行为，保护公司、股东和债权人的合法权益，维护社会经济秩序，促进社会主义市场经济的发展，制定本法。	本条是关于《公司法》的立法目的和立法宗旨的规定。 为贯彻党的二十大报告精神，本条新增了完善中国特色现代企业制度，弘扬企业家精神的规定。本次《公司法》修订很多修改或增加的条款都体现了完善中国特色现代企业制度，弘扬企业家精神的立法宗旨。同时，新增了保护“职工”合法权益的规定。 公司是重要的市场主体，修改公司法完善中国特色现代企业制度，是贯彻落实宪法关于国家完善“企业经营管理制度”的重要举措，故本条增加了“根据宪法”制定本法的规定。
第二条　【调整对象】本法所称公司，是指依照本法在**中华人民共和国**境内设立的有限责任公司和股份有限公司。	**原《公司法》第二条**　本法所称公司是指依照本法在中国境内设立的有限责任公司和股份有限公司。	本条规定了《公司法》的调整对象，同时也延续了此前公司的两种类型的规定，即有限责任公司和股份有限公司，未增加规定其他类型的公司。 在“境内”“境外”语境下，本次《公司法》修订在条文表述上将“中国”调整为“中华人民共和国”。

新《公司法》	原《公司法》及相关规定	释义与修法解读
第三条 【公司界定及权益保护】公司是企业法人，有独立的法人财产，享有法人财产权。公司以其全部财产对公司的债务承担责任。 公司的合法权益受法律保护，不受侵犯。	**原《公司法》第三条第一款** 公司是企业法人，有独立的法人财产，享有法人财产权。公司以其全部财产对公司的债务承担责任。 **第五条第二款** 公司的合法权益受法律保护，不受侵犯。	本条是关于公司法律地位的规定，将原《公司法》第三条第一款、第五条第二款整合，内容上未有修改。
第四条 【股东责任及权利】有限责任公司的股东以其认缴的出资额为限对公司承担责任；股份有限公司的股东以其认购的股份为限对公司承担责任。 公司股东**对公司**依法享有资产收益、参与重大决策和选择管理者等权利。	**原《公司法》第三条第二款** 有限责任公司的股东以其认缴的出资额为限对公司承担责任；股份有限公司的股东以其认购的股份为限对公司承担责任。 **第四条** 公司股东依法享有资产收益、参与重大决策和选择管理者等权利。	本条第一款规定了股东对公司承担责任的形式，明确股东以其全部投资为限对公司债务承担责任，即股东承担有限责任，这是现代公司制度的基石。 第二款规定了股东对公司的权利。 相较原规定，本条内容无实质性修改。
第五条 【公司章程】设立公司**应当**依法制定公司章程。公司章程对公司、股东、董事、监事、高级管理人员具有约束力。	**原《公司法》第十一条** 设立公司必须依法制定公司章程。公司章程对公司、股东、董事、监事、高级管理人员具有约束力。	本条是关于公司章程的规定。 将设立公司“必须”依法制定公司章程改为设立公司“应当”依法制定公司章程，其他内容无变化。 虽然“必须”与“应当”在此处没有实质区别，但是在法律表述义务性规范时，一般用“应当”不用“必须”。本次《公司法》修订，遵循了此立法规则。

新《公司法》	原《公司法》及相关规定	释义与修法解读
第六条　【公司名称权】公司应当有自己的名称。公司名称应当符合国家有关规定。 **公司的名称权受法律保护。**	**《民法典》第五十八条第二款**　法人应当有自己的名称、组织机构、住所、财产或者经费。法人成立的具体条件和程序，依照法律、行政法规的规定。 **第一千零一十三条**　法人、非法人组织享有名称权，有权依法决定、使用、变更、转让或者许可他人使用自己的名称。 **第一千零一十四条**　任何组织或者个人不得以干涉、盗用、假冒等方式侵害他人的姓名权或者名称权。	本条是关于公司名称及名称权的规定，属于新增条款，但相关内容在《民法典》中已有规定。 《公司法》首次明确规定公司的名称权受法律保护，有利于构建完善的公司权利保护法律体系。
第七条　【公司名称】依照本法设立的有限责任公司，**应当**在公司名称中标明有限责任公司或者有限公司字样。 依照本法设立的股份有限公司，**应当**在公司名称中标明股份有限公司或者股份公司字样。	**原《公司法》第八条**　依照本法设立的有限责任公司，~~必须~~在公司名称中标明有限责任公司或者有限公司字样。 依照本法设立的股份有限公司，~~必须~~在公司名称中标明股份有限公司或者股份公司字样。	本条是关于公司名称的规定，要求公司名称中应标明公司的类型。 除了将"必须"修改为"应当"，其他内容未有修改。
第八条　【公司住所】公司以其主要办事机构所在地为住所。	**原《公司法》第十条**　公司以其主要办事机构所在地为住所。	本条是关于公司住所的规定，内容未有修改。

新《公司法》	原《公司法》及相关规定	释义与修法解读
第九条 【经营范围】公司的经营范围由公司章程规定。公司可以修改公司章程，**变更**经营范围。 公司的经营范围中属于法律、行政法规规定须经批准的项目，应当依法经过批准。	**原《公司法》第十二条** 公司的经营范围由公司章程规定~~，并依法登记~~。公司可以修改公司章程，改变经营范围~~，但是应当办理变更登记。~~ 公司的经营范围中属于法律、行政法规规定须经批准的项目，应当依法经过批准。	本条是关于公司经营范围的规定。 相较原规定，本条将公司经营范围应当办理登记的规定于统一规定于《公司法》新增的"公司登记"一章中，其他内容未有实质性修改。
第十条 【法定代表人】公司**的**法定代表人**按照**公司章程的规定，**由代表公司执行公司事务的董事或者经理担任**。 **担任法定代表人的董事或者经理辞任的，视为同时辞去法定代表人。** **法定代表人辞任的，公司应当在法定代表人辞任之日起三十日内确定新的法定代表人。**	**原《公司法》第十三条** 公司法定代表人依照公司章程的规定，由董事~~长、执行董事~~或者经理担任~~，并依法登记。公司法定代表人变更，应当办理变更登记。~~	本条是关于法定代表人的规定，相较原规定，有如下重大变化： 第一，可以担任法定代表人的范围有所扩大，由"董事长、执行董事或者经理担任"修改为"由代表公司执行公司事务的董事或者经理担任"。 第二，明确了公司法定代表人的职权，是代表公司执行公司事务。 第三，根据新增的第二款规定，担任法定代表人的董事或者经理辞职的，视为同时辞去法定代表人，不再具有法定代表人的身份。但是如果同时担任董事、经理、法定代表人，仅仅辞任董事或者经理身份，并不必然丧失担任法定代表人的资格，要根据公司章程记载事项中法定代表人是由哪一职位的人担任来决定其是否同时辞去法定代表人。

新《公司法》	原《公司法》及相关规定	释义与修法解读
		第四，根据新增的第五款规定，法定代表人辞任的，公司应当在法定代表人辞任之日起三十日内确定新的法定代表人。 第五，关于法定代表人的登记及变更登记事项也有重大变化，具体变化详见“公司登记”一章。
第十一条　【法定代表人行为的法律后果】法定代表人以公司名义从事的民事活动，其法律后果由公司承受。 **公司章程或者股东会对法定代表人职权的限制，不得对抗善意相对人。** **法定代表人因执行职务造成他人损害的，由公司承担民事责任。公司承担民事责任后，依照法律或者公司章程的规定，可以向有过错的法定代表人追偿。**	**《民法典》第六十一条**　依照法律或者法人章程的规定，代表法人从事民事活动的负责人，为法人的法定代表人。 法定代表人以法人名义从事的民事活动，其法律后果由法人承受。 法人章程或者法人权力机构对法定代表人代表权的限制，不得对抗善意相对人。 **第六十二条**　法定代表人因执行职务造成他人损害的，由法人承担民事责任。 法人承担民事责任后，依照法律或者法人章程的规定，可以向有过错的法定代表人追偿。	本条规定了公司法定代表人职务行为的法律后果、越权行为的效力规定以及法定代表人职务侵权行为的责任承担，属于新增条文。 本条相关内容在《民法典》中已有规定，只是《民法典》适用的对象是范围更大的法人，而本条适用的对象是公司，有利于增强法律的适用性。具体而言： 第一，本条第一款概括性规定了法定代表人以公司名义从事的民事活动，其法律后果由公司承受。对于法定代表人非以“公司名义”从事的非职务行为，不适用本款的规定。 第二，根据本条第二款规定，法律允许公司章程和股东会对法定代表人的职权作出限制，但是该限制不得对抗善意相对人。 第三，本条第三款规定了法定代表人职务侵权行为的民事责任，即法定代表人因执行职务造成他人损害的，由公司承担民事责任。公司承担民事责任后，依

新《公司法》	原《公司法》及相关规定	释义与修法解读
		照法律或公司章程规定，可以向有过错的法定代表人追偿。
第十二条　【公司形式变更】有限责任公司变更为股份有限公司，应当符合本法规定的股份有限公司的条件。股份有限公司变更为有限责任公司，应当符合本法规定的有限责任公司的条件。 有限责任公司变更为股份有限公司的，或者股份有限公司变更为有限责任公司的，公司变更前的债权、债务由变更后的公司承继。	**原《公司法》第九条**　有限责任公司变更为股份有限公司，应当符合本法规定的股份有限公司的条件。股份有限公司变更为有限责任公司，应当符合本法规定的有限责任公司的条件。 有限责任公司变更为股份有限公司的，或者股份有限公司变更为有限责任公司的，公司变更前的债权、债务由变更后的公司承继。	本条是关于公司形式变更及其债权债务处理的规定，条文内容未有修改。
第十三条　【子公司与分公司】公司可以设立子公司。子公司具有法人资格，依法独立承担民事责任。 公司可以设立分公司。分公司不具有法人资格，其民事责任由公司承担。	**原《公司法》第十四条**　公司可以设立分公司。~~设立分公司，应当向公司登记机关申请登记，领取营业执照。~~分公司不具有法人资格，其民事责任由公司承担。 公司可以设立子公司，子公司具有法人资格，依法独立承担民事责任。	本条是关于公司设立子公司、分公司的规定。 相较原规定，关于设立分公司登记事项统一规定于“公司登记”一章，原第一款、第二款的条文顺序进行了互换，其他内容未有实质性修改。

新《公司法》	原《公司法》及相关规定	释义与修法解读
第十四条　【转投资】公司可以向其他企业投资。 **法律规定公司不得成为对所投资企业的债务承担连带责任的出资人的，从其规定。**	**原《公司法》第十五条**　公司可以向其他企业投资；但是，除法律另有规定外，不得成为对所投资企业的债务承担连带责任的出资人。 **《合伙企业法》第三条**　国有独资公司、国有企业、上市公司以及公益性的事业单位、社会团体不得成为普通合伙人。	本条是关于公司转投资及其限制的规定，相较原规定，有一定的变化。 根据原规定，公司向其他企业投资，必须以责任有限、互不连带为原则，只能以投资额为限对所投资企业承担责任，不得对所投资企业的债务承担连带责任，即原则不允许，法律另有规定的除外。修改后的新法则无此限制，即原则上允许对所投资企业的债务承担连带责任，法律另有规定的除外。有利于鼓励投资。
第十五条　【公司担保】公司向其他企业投资或者为他人提供担保，**按照**公司章程的规定，由董事会或者股东会决议；公司章程对投资或者担保的总额及单项投资或者担保的数额有限额规定的，不得超过规定的限额。 公司为公司股东或者实际控制人提供担保的，应当经股东会决议。 前款规定的股东或者受前款规定的实际控制人支配的股东，不得参加前款规定事项的表决。该项表决	**原《公司法》第十六条**　公司向其他企业投资或者为他人提供担保，依照公司章程的规定，由董事会或者股东会~~、股东大会~~决议；公司章程对投资或者担保的总额及单项投资或者担保的数额有限额规定的，不得超过规定的限额。 公司为公司股东或者实际控制人提供担保的，必须经股东会~~或者股东大会~~决议。 前款规定的股东或者受前款规定的实际控制人支配的股东，不得参加前款规定事项的表决。该项表决由出席会	本条是关于公司对外担保的规定，内容无实质变化。 关于本条，理论界及实务界已经达成了一致，即用越权代表的相关规定与学说理论解决公司对外担保的效力及法律后果问题。《民法典》、《民法典担保制度司法解释》及《九民纪要》对此作了细化规定。

新《公司法》	原《公司法》及相关规定	释义与修法解读
由出席会议的其他股东所持表决权的过半数通过。	议的其他股东所持表决权的过半数通过。	
第十六条　【职工权益保护与职业教育】公司**应当**保护职工的合法权益，依法与职工签订劳动合同，参加社会保险，加强劳动保护，实现安全生产。 公司应当采用多种形式，加强公司职工的职业教育和岗位培训，提高职工素质。	**原《公司法》第十七条**　公司~~必须~~保护职工的合法权益，依法与职工签订劳动合同，参加社会保险，加强劳动保护，实现安全生产。 公司应当采用多种形式，加强公司职工的职业教育和岗位培训，提高职工素质。	本条是关于公司职工权益保护与职业教育的规定，除了将"必须"改为"应当"，其他内容未有修改。
第十七条　【工会】公司职工依照《中华人民共和国工会法》组织工会，开展工会活动，维护职工合法权益。公司应当为本公司工会提供必要的活动条件。公司工会代表职工就职工的劳动报酬、工作时间、**休息休假**、劳动安全卫生和**保险福利**等事项依法与公司签订集体合同。 公司依照宪法和有关法律的规定，**建立健全以职工代表大会为基本形式的民主管理制度**，通过职工代表大会或者其他形式，实	**原《公司法》第十八条**　公司职工依照《中华人民共和国工会法》组织工会，开展工会活动，维护职工合法权益。公司应当为本公司工会提供必要的活动条件。公司工会代表职工就职工的劳动报酬、工作时间、福利、保险和劳动安全卫生等事项依法与公司签订集体合同。 公司依照宪法和有关法律的规定，通过职工代表大会或者其他形式，实行民主管理。 公司研究决定改制以及经营方面的重大问	本条是关于公司职工组织工会和参与管理的规定，增加规定了公司建立健全以职工代表大会为基本形式的民主管理制度，以及公司决定解散、申请破产时应当听取公司工会意见的规定，其他内容无实质性修改。

新《公司法》	原《公司法》及相关规定	释义与修法解读
行民主管理。 公司研究决定改制、**解散**、**申请破产**以及经营方面的重大问题、制定重要的规章制度时，应当听取公司工会的意见，并通过职工代表大会或者其他形式听取职工的意见和建议。	题、制定重要的规章制度时，应当听取公司工会的意见，并通过职工代表大会或者其他形式听取职工的意见和建议。	
第十八条　【党组织】在公司中，根据中国共产党章程的规定，设立中国共产党的组织，开展党的活动。公司应当为党组织的活动提供必要条件。	**原《公司法》第十九条**　在公司中，根据中国共产党章程的规定，设立中国共产党的组织，开展党的活动。公司应当为党组织的活动提供必要条件。	本条是关于在公司中设立中国共产党组织及其活动的规定，条文内容无修改。
第十九条　【公司义务】公司从事经营活动，应当遵守**法律法规**，遵守社会公德、商业道德，诚实守信，接受政府和社会公众的监督。	**原《公司法》第五条第一款**　公司从事经营活动，必须遵守法律、~~行政~~法规，遵守社会公德、商业道德，诚实守信，接受政府和社会公众的监督，~~承担社会责任。~~	本条是关于公司经营活动基本原则的规定，将公司须承担社会责任的规定调整至新法第二十条，其他内容无实质性修改。
第二十条　【社会责任】公司从事经营活动，应当充分考虑公司职工、消费者等利益相关者的利益以及生态环境保护等社会公共利益，承担社会责任。		本条是关于公司应承担的社会责任和履行的社会义务方面的规定，属于新增条款。 本条系基于贯彻党的十八届四中全会决定有关要求，强化公司社会责任而新增加的条款，从法律层面进一步强调了公司承担社会责任的重要性和必要性。

新《公司法》	原《公司法》及相关规定	释义与修法解读
国家鼓励公司参与社会公益活动，公布社会责任报告。		
第二十一条 【股东禁止权利滥用】公司股东应当遵守法律、行政法规和公司章程，依法行使股东权利，不得滥用股东权利损害公司或者其他股东的利益。 公司股东滥用股东权利给公司或者其他股东造成损失的，应当承担赔偿责任。	**原《公司法》第二十条第一款** 公司股东应当遵守法律、行政法规和公司章程，依法行使股东权利，不得滥用股东权利损害公司或者其他股东的利益；~~不得滥用公司法人独立地位和股东有限责任损害公司债权人的利益。~~ **第二款** 公司股东滥用股东权利给公司或者其他股东造成损失的，应当依法承担赔偿责任。	本条是关于股东不得滥用股东权利损害公司或者其他股东利益的规定。 相较原规定，将股东不得滥用公司法人独立地位和股东有限责任损害公司债权人利益的规定以单独条文予以规定。 禁止权利滥用原则也是《民法典》的重要内容，《民法典》第一百三十二条规定：民事主体不得滥用民事权利损害国家、社会公共利益或者他人合法权益。《民法典总则编司法解释》第三条对滥用民事权利的认定标准及法律后果进行了明确规定。 《民法典》与《公司法》是一般法与特别法的关系，对于《公司法》没有规定的，可以适用《民法典》的相关规定。因此，在《公司法》范围内如果公司决议被认定存在股东滥用权利的情况，其法律后果应是无效。
第二十二条 【规范关联交易】公司的控股股东、实际控制人、董事、监事、高级管理人员不得利用关联关系损害公司利益。	**原《公司法》第二十一条** 公司的控股股东、实际控制人、董事、监事、高级管理人员不得利用其关联关系损害公司利益。	本条是关于规范关联交易的规定，条文内容无修改。

新《公司法》	原《公司法》及相关规定	释义与修法解读
违反前款规定，给公司造成损失的，应当承担赔偿责任。	违反前款规定，给公司造成损失的，应当承担赔偿责任。	
第二十三条　【公司人格否认】公司股东滥用公司法人独立地位和股东有限责任，逃避债务，严重损害公司债权人利益的，应当对公司债务承担连带责任。 **股东利用其控制的两个以上公司实施前款规定行为的，各公司应当对任一公司的债务承担连带责任。** **只有一个股东的公司，股东不能证明公司财产独立于股东自己的财产的，应当对公司债务承担连带责任。**	**原《公司法》第二十条第三款**　公司股东滥用公司法人独立地位和股东有限责任，逃避债务，严重损害公司债权人利益的，应当对公司债务承担连带责任。 **《九民纪要》第十一条第二款**　控制股东或实际控制人控制多个子公司或者关联公司，滥用控制权使多个子公司或者关联公司财产边界不清、财务混同，利益相互输送，丧失人格独立性，沦为控制股东逃避债务、非法经营，甚至违法犯罪工具的，可以综合案件事实，否认子公司或者关联公司法人人格，判令承担连带责任。 **原《公司法》第五十七条第二款**　本法所称一人有限责任公司，是指只有一个自然人股东或者一个法人股东的有限责任公司。 **第六十三条**　一人有限责任公司的股东不	本条是关于公司法人人格否认规则的规定，属于重大调整条款。 第一款与原《公司法》第二十条第三款的规定一致，规定了公司法人人格否认法律制度。但是该款规定的是纵向人格否认，即否定公司的人格，不再让股东以出资为限对公司债务承担有限责任，而判令股东对公司债务承担连带责任。 第二款为新增条款，是关于横向人格否认规则的规定。横向人格否认否定控制股东控制下的子公司或者关联公司法人人格，各公司相互承担连带责任。 从审判实践来看，如果没有相关规定，对控制股东通过控制多个子公司或关联公司，滥用控制权使多个子公司或关联公司财产边界不清、财务混同，利益相互输送，丧失人格独立性，沦为控制股东逃避债务、非法经营，甚至违法犯罪工具的情形很难处理，故本条第二款在吸收《九民纪要》相关规定的基础上，新增了横向人格否认制度。 第三款是公司法人人格否认制度在一人公司的适用的规定，由于新法规定了可以设立一人股

新《公司法》	原《公司法》及相关规定	释义与修法解读
	能证明公司财产独立于股东自己的财产的，应当对公司债务承担连带责任。	份有限公司，故原《公司法》第六十三条关于一人有限责任公司股东举证责任倒置的规定也适用于一人股份有限公司。 根据第三款的规定，举证责任倒置的规定仅适用于只有一个股东的公司，对于股东为夫妻二人的公司，不属于只有一个股东的公司，不适用该款的规定。
第二十四条　【会议召开及表决方式】公司股东会、董事会、监事会召开会议和表决可以采用电子通信方式，公司章程另有规定的除外。		本条是关于公司召开会议和表决可采电子通信方式的规定，属新增条文。 根据该条规定，除非公司章程有特别规定，否则公司采用电子通信方式召开会议和进行表决的方式是合法有效的。
第二十五条　【公司决议无效】公司股东会、董事会的决议内容违反法律、行政法规的无效。	**原《公司法》第二十二条第一款**　公司股东会~~或者股东大会~~、董事会的决议内容违反法律、行政法规的无效。	本条是关于公司决议无效的规定，内容无实质性变化。 本次《公司法》修订将“股东会”和“股东大会”统称为“股东会”，故原《公司法》规定的“股东大会”，不再规定在新法中。
第二十六条　【公司决议撤销】公司股东会、董事会的会议召集程序、表决方式违反法律、行政法规或者公司章程，或者决议内容违反公司章程的，股东自决议作出之日起六十日内，可以请求人民法院撤销。**但是，股**	**原《公司法》第二十二条第二款**　股东会~~或者股东大会~~、董事会的会议召集程序、表决方式违反法律、行政法规或者公司章程，或者决议内容违反公司章程的，股东可以自决议作出之日起六十日内，请求人民法院撤销。	本条是关于公司决议撤销的规定，属于重大调整条款，相较原规定，有如下重大变化： 第一，本条在原《公司法》第二十二条第二款的基础上，吸收《民法典》及《公司法解释四》的相关规定，增加规定召集程序或者表决方式仅有轻微瑕疵，对决议未产生实质影响的，不属于可被撤销的决议的范围。

新《公司法》	原《公司法》及相关规定	释义与修法解读
东会、董事会的会议召集程序或者表决方式仅有轻微瑕疵，对决议未产生实质影响的除外。 **未被通知参加股东会会议的股东自知道或者应当知道股东会决议作出之日起六十日内，可以请求人民法院撤销；自决议作出之日起一年内没有行使撤销权的，撤销权消灭**。	**第三款**　~~股东依照前款规定提起诉讼的，人民法院可以应公司的请求，要求股东提供相应担保。~~ **《民法典》第八十五条**　营利法人的权力机构、执行机构作出决议的会议召集程序、表决方式违反法律、行政法规、法人章程，或者决议内容违反法人章程的，营利法人的出资人可以请求人民法院撤销该决议。但是，营利法人依据该决议与善意相对人形成的民事法律关系不受影响。 **《公司法解释四》第四条**　股东请求撤销股东会或者股东大会、董事会决议，符合民法典第八十五条、公司法第二十二条第二款规定的，人民法院应当予以支持，但会议召集程序或者表决方式仅有轻微瑕疵，且对决议未产生实质影响的，人民法院不予支持。	第二，增加规定了未被通知参加股东会会议的股东自知道或者应当知道股东会决议作出之日起六十日内，可以请求人民法院撤销，进一步弥补了法律的漏洞。但是明确这种情况下撤销权可行使的最长期限为决议作出之日起一年内。 第三，原《公司法》第二十二条第三款“人民法院可以应公司的请求，要求股东提供相应担保”的规定，实践中未发现有具体适用的案例，缺乏实操性，故予以删除。
第二十七条　【公司决议不成立】有下列情形之一的，公司股东会、董事会的决议不成立：	**《民法典》第一百三十四条**　民事法律行为可以基于双方或者多方的意思表示一致成立，也可以基于单方的	本条是关于公司决议不成立的规定，属于新增条文。 本条吸收了《公司法解释四》第五条的规定，不同之处在于： 第一，本条规定未召开股东

新《公司法》	原《公司法》及相关规定	释义与修法解读
(一)未召开股东会、董事会会议作出决议; **(二)股东会、董事会会议未对决议事项进行表决;** **(三)出席会议的人数或者所持表决权数未达到本法或者公司章程规定的人数或者所持表决权数;** **(四)同意决议事项的人数或者所持表决权数未达到本法或者公司章程规定的人数或者所持表决权数。**	意思表示成立。 法人、非法人组织依照法律或者章程规定的议事方式和表决程序作出决议的,该决议行为成立。 **《公司法解释四》第五条** 股东会或者股东大会、董事会决议存在下列情形之一,当事人主张决议不成立的,人民法院应当予以支持: (一)公司未召开会议的,但依据公司法第三十七条第二款或者公司章程规定可以不召开股东会或者股东大会而直接作出决定,并由全体股东在决定文件上签名、盖章的除外; (二)会议未对决议事项进行表决的; (三)出席会议的人数或者股东所持表决权不符合公司法或者公司章程规定的; (四)会议的表决结果未达到公司法或者公司章程规定的通过比例的; (五)导致决议不成立的其他情形。	会、董事会会议作出的决议为不成立,关于《公司法解释四》第五条第一项规定的例外条款,因为已经在《公司法》第五十九条第三款进行了未召开会议有效的例外规定,因此本条无须重复规定。 第二,本条没有保留《公司法解释四》规定的"导致决议不成立的其他情形"这一兜底性条款。 值得注意的是,当前公司决议纠纷项下只有公司决议效力确认纠纷和公司决议撤销纠纷两个案由,在《公司法》明确规定公司决议不成立的相关内容后,司法实践中应当增加公司决议不成立纠纷的案由。

新《公司法》	原《公司法》及相关规定	释义与修法解读
第二十八条　【决议无效、被撤销或不成立的法律后果】公司股东会、董事会决议被人民法院宣告无效、撤销**或者确认不成立的，**公司应当向公司登记机关申请撤销**根据该决议已办理的**登记。 **股东会、董事会决议被人民法院宣告无效、撤销或者确认不成立的，公司根据该决议与善意相对人形成的民事法律关系不受影响。**	**原《公司法》第二十二条第四款**　公司根据股东会或者股东大会、董事会决议已办理变更登记的，人民法院宣告该决议无效或者撤销该决议后，公司应当向公司登记机关申请撤销变更登记。 **《公司法解释四》第六条**　股东会或者股东大会、董事会决议被人民法院判决确认无效或者撤销的，公司依据该决议与善意相对人形成的民事法律关系不受影响。 **《民法典》第八十五条**　营利法人的权力机构、执行机构作出决议的会议召集程序、表决方式违反法律、行政法规、法人章程，或者决议内容违反法人章程的，营利法人的出资人可以请求人民法院撤销该决议。但是，营利法人依据该决议与善意相对人形成的民事法律关系不受影响。	本条是关于公司决议被判决无效、撤销或确认不成立的法律后果的规定。 本条在吸收借鉴《民法典》、原《公司法》、《公司法解释四》及相关规定的基础上，明确公司决议被判决无效、撤销或确认不成立的，公司依据该决议与善意相对人形成的民事法律关系不受影响。

第二章　公司登记

新《公司法》	原《公司法》及相关规定	释义与修法解读
		过往我国的商事登记立法呈现“一事一法”或“一类一法”的特征，相关制度分别规定在原《公司法》、《市场主体登记管理条例》及其实施细则、《优化营商环境条例》、《企业信息公示暂行条例》等法律法规中。 修订后的《公司法》在形式上新设第二章“公司登记”，将上述规定进行整合、修改和细化，用13个条文系统规定了公司登记的相关内容。 此举对完善商事登记制度、维护交易安全、持续优化营商环境、激发市场创新活力，具有重要的意义。
第二十九条　【申请设立登记】设立公司，应当依法向公司登记机关申请设立登记。 法律、行政法规规定设立公司必须报经批准的，应当在公司登记前依法办理批准手续。	**原《公司法》第六条第一款**　设立公司，应当依法向公司登记机关申请设立登记。~~符合本法规定的设立条件的，由公司登记机关分别登记为有限责任公司或者股份有限公司；不符合本法规定的设立条件的，不得登记为有限责任公司或者股份有限公司。~~	本条是关于公司设立的登记和批准的规定，内容无实质性修改。

新《公司法》	原《公司法》及相关规定	释义与修法解读
	第二款 法律、行政法规规定设立公司必须报经批准的，应当在公司登记前依法办理批准手续。	
第三十条 【设立登记申请材料】申请设立公司，应当提交设立登记申请书、公司章程等文件，**提交的相关材料应当真实、合法和有效**。 **申请材料不齐全或者不符合法定形式的，公司登记机关应当一次性告知需要补正的材料**。	**原《公司法》第二十九条** ~~股东认足公司章程规定的出资后，由全体股东指定的代表或者共同委托的代理人向公司登记机关报送~~公司登记申请书、公司章程等文件，申请设立登记。 **《市场主体登记管理条例》第十七条** 申请人应当对提交材料的真实性、合法性和有效性负责。 **第十九条第二款** 申请材料不齐全或者不符合法定形式的，登记机关应当一次性告知申请人需要补正的材料。	本条是关于设立公司应提交的材料的规定，吸收了《市场主体登记管理条例》的相关规定。 相较原规定，第一款新增了提交的相关材料应当真实、合法和有效的规定。 按照优化营商环境及推进“放、管、服”改革的要求，条例规定对需要补正的材料，登记机关应一次性告知。本条第二款为新增条款，对此进行了明确，将该规定上升为法律规范。
第三十一条 【设立登记】申请设立公司，符合本法规定的设立条件的，由公司登记机关分别登记为有限责任公司或者股份有限公司；不符合本法规定的设立条件的，不得登记为有限责任公司或者股份有限公司。	**原《公司法》第六条第一款** 设立公司，应当依法向公司登记机关申请设立登记。符合本法规定的设立条件的，由公司登记机关分别登记为有限责任公司或者股份有限公司；不符合本法规定的设立条件的，不得登记为有限责任公司或者股份有限公司。	本条是关于公司设立登记的规定，内容无实质性修改。

新《公司法》	原《公司法》及相关规定	释义与修法解读
第三十二条 【登记事项】公司登记事项包括： **（一）名称；** **（二）住所；** **（三）注册资本；** **（四）经营范围；** **（五）法定代表人的姓名；** **（六）有限责任公司股东、股份有限公司发起人的姓名或者名称。** **公司登记机关应当将前款规定的公司登记事项通过国家企业信用信息公示系统向社会公示。**	**《市场主体登记管理条例》第八条** 市场主体的一般登记事项包括： （一）名称； （二）主体类型； （三）经营范围； （四）住所或者主要经营场所； （五）注册资本或者出资额； （六）法定代表人、执行事务合伙人或者负责人姓名。 除前款规定外，还应当根据市场主体类型登记下列事项： （一）有限责任公司股东、股份有限公司发起人、非公司企业法人出资人的姓名或者名称； （二）个人独资企业的投资人姓名及居所； （三）合伙企业的合伙人名称或者姓名、住所、承担责任方式； （四）个体工商户的经营者姓名、住所、经营场所； （五）法律、行政法规规定的其他事项。	本条是关于公司登记事项的规定，为新增条文。 本条在整合原《公司法》的相关规定及吸收借鉴《市场主体登记管理条例》相关规定的基础上，单独规定了公司登记事项。并且规定公司登记机关应当将公司登记事项通过国家企业信用信息公示系统向社会公示。

新《公司法》	原《公司法》及相关规定	释义与修法解读
	第三十五条　市场主体应当按照国家有关规定公示年度报告和登记相关信息。	
第三十三条　【营业执照】依法设立的公司，由公司登记机关发给公司营业执照。公司营业执照签发日期为公司成立日期。 公司营业执照应当载明公司的名称、住所、注册资本、经营范围、法定代表人姓名等事项。 **公司登记机关可以发给电子营业执照。电子营业执照与纸质营业执照具有同等法律效力。**	**原《公司法》第七条**　依法设立的公司，由公司登记机关发给公司营业执照。公司营业执照签发日期为公司成立日期。 公司营业执照应当载明公司的名称、住所、注册资本、经营范围、法定代表人姓名等事项。 公司营业执照记载的事项发生变更的，公司应当依法办理变更登记，由公司登记机关换发营业执照。	本条是关于公司成立日期和公司营业执照的规定。 第三款为新增内容，在公司法层面确认电子营业执照与纸质营业执照具有同等法律效力。
第三十四条　【变更登记】公司登记事项发生变更的，应当**依法**办理变更登记。 **公司登记事项**未经登记或者未经变更登记，不得对抗**善意相对人**。	**原《公司法》第三十二条第三款**　公司应当将股东的姓名或者名称向公司登记机关登记；登记事项发生变更的，应当办理变更登记。未经登记或者变更登记的，不得对抗第三人。 **《民法典》第六十五条**　法人的实际情况与登记的事项不一致的，不得对抗善意相对人。	本条是关于公司变更登记及登记对抗效力的规定。 相较原规定，此次修改将公司登记事项未经登记或者未经变更登记，不得对抗“第三人”，修改为不得对抗“善意相对人”，与《民法典》第六十五条的规定保持一致。

新《公司法》	原《公司法》及相关规定	释义与修法解读
第三十五条 【变更登记申请材料】公司申请变更登记，应当向公司登记机关提交公司法定代表人签署的变更登记申请书、依法作出的变更决议或者决定等文件。 **公司变更登记事项涉及修改公司章程的，应当提交修改后的公司章程。** **公司变更法定代表人的，变更登记申请书由变更后的法定代表人签署。**	《市场主体登记管理条例实施细则》第三十二条　申请办理变更登记，应当提交申请书，并根据市场主体类型及具体变更事项分别提交下列材料： （一）公司变更事项涉及章程修改的，应当提交修改后的章程或者章程修正案；需要对修改章程作出决议决定的，还应当提交相关决议决定； （二）合伙企业应当提交全体合伙人或者合伙协议约定的人员签署的变更决定书；变更事项涉及修改合伙协议的，应当提交由全体合伙人签署或者合伙协议约定的人员签署修改或者补充的合伙协议； （三）农民专业合作社（联合社）应当提交成员大会或者成员代表大会作出的变更决议；变更事项涉及章程修改的应当提交修改后的章程或者章程修正案。 **第三十三条**　市场主体更换法定代表人、执行事务合伙人（含委派	本条是关于公司变更登记应提交的材料的规定。 形式上属于新增条文，但是内容在《市场主体登记管理条例实施细则》中已有相关规定。 需要说明的是，本条第三款“公司变更法定代表人的，变更登记申请书由变更后的法定代表人签署”的规定，能避免实践中公司变更法定代表人后，原法定代表人不配合办理变更登记的情况。

新《公司法》	原《公司法》及相关规定	释义与修法解读
	代表)、负责人的变更登记申请由新任法定代表人、执行事务合伙人(含委派代表)、负责人签署。	
第三十六条 【营业执照变更及换发】 公司营业执照记载的事项发生变更的,公司办理变更登记后,由公司登记机关换发营业执照。	**原《公司法》第七条第三款** 公司营业执照记载的事项发生变更的,公司应当依法办理变更登记,由公司登记机关换发营业执照。	本条是关于公司办理变更登记后换发营业执照的规定,内容无实质性修改。
第三十七条 【注销登记】公司因解散、被宣告破产或者其他法定事由需要终止的,应当依法向公司登记机关申请注销登记,由公司登记机关公告公司终止。	**原《公司法》第一百八十八条** 公司清算结束后,清算组应当制作清算报告,报股东会、股东大会或者人民法院确认,并报送公司登记机关,申请注销公司登记,公告公司终止。 **《市场主体登记管理条例》第三十一条** 市场主体因解散、被宣告破产或者其他法定事由需要终止的,应当依法向登记机关申请注销登记。经登记机关注销登记,市场主体终止。 市场主体注销依法须经批准的,应当经批准后向登记机关申请注销登记。	本条是关于注销登记的规定。 形式上属于新增条文,但是内容在《市场主体登记管理条例》中已有相关规定。

新《公司法》	原《公司法》及相关规定	释义与修法解读
第三十八条 【分公司登记】公司设立分公司，应当向公司登记机关申请登记，领取营业执照。	**原《公司法》第十四条第一款** 公司可以设立分公司。设立分公司，应当向公司登记机关申请登记，领取营业执照。分公司不具有法人资格，其民事责任由公司承担。	本条是关于公司设立分公司的规定，内容无实质性修改。
第三十九条 【虚假取得设立登记的法律后果】虚报注册资本、提交虚假材料或者采取其他欺诈手段隐瞒重要事实取得公司设立登记的，公司登记机关应当**依照法律、行政法规的规定**予以撤销。	**原《公司法》第一百九十八条** 违反本法规定，虚报注册资本、提交虚假材料或者采取其他欺诈手段隐瞒重要事实取得公司登记的，由公司登记机关责令改正，对虚报注册资本的公司，处以虚报注册资本金额百分之五以上百分之十五以下的罚款；对提交虚假材料或者采取其他欺诈手段隐瞒重要事实的公司，处以五万元以上五十万元以下的罚款；情节严重的，撤销公司登记或者吊销营业执照。 **《市场主体登记管理条例》第四十条** 提交虚假材料或者采取其他欺诈手段隐瞒重要事实取得市场主体登记的，受虚假市场主体登记影响的自然人、法人	本条是关于虚假取得公司登记应予撤销的规定，相较原规定，有如下变化： 第一，本条将撤销公司设立登记从“法律责任”章调整到“公司登记”章，因撤销公司设立登记是登记机关依据行政许可法撤销行政许可的纠正行为，不是行政处罚。 第二，原《公司法》第一百九十八条规定的如罚款、吊销营业执照等内容，规定在新法第十四章“法律责任”章中的第二百五十条。 第三，本条吸收并简化《市场主体登记管理条例》第四十条的规定，但是删除了有关调查程序的表述，具体程序可以适用法律、行政法规的规定。

新《公司法》	原《公司法》及相关规定	释义与修法解读
	和其他组织可以向登记机关提出撤销市场主体登记的申请。 　　登记机关受理申请后，应当及时开展调查。经调查认定存在虚假市场主体登记情形的，登记机关应当撤销市场主体登记。相关市场主体和人员无法联系或者拒不配合的，登记机关可以将相关市场主体的登记时间、登记事项等通过国家企业信用信息公示系统向社会公示，公示期为45日。相关市场主体及其利害关系人在公示期内没有提出异议的，登记机关可以撤销市场主体登记。 　　因虚假市场主体登记被撤销的市场主体，其直接责任人自市场主体登记被撤销之日起3年内不得再次申请市场主体登记。登记机关应当通过国家企业信用信息公示系统予以公示。	
第四十条　【公示事项】公司应当按照规定通过国家企业信用信息公示系统公示下列事项：	**《企业信息公示暂行条例》第十条**　企业应当自下列信息形成之日起20个工作日内通过企业信用信息公示系	本条是关于公司应通过公示系统公示相关事项的规定。 　　本条属于新增条文，吸收、借鉴了《企业信息公示暂行条例》第十条，但是增加了股份有限公司

新《公司法》	原《公司法》及相关规定	释义与修法解读
（一）有限责任公司股东认缴和实缴的出资额、出资方式和出资日期，股份有限公司发起人认购的股份数； **（二）有限责任公司股东、股份有限公司发起人的股权、股份变更信息；** **（三）行政许可取得、变更、注销等信息；** **（四）法律、行政法规规定的其他信息。** **公司应当确保前款公示信息真实、准确、完整。**	统向社会公示： （一）有限责任公司股东或者股份有限公司发起人认缴和实缴的出资额、出资时间、出资方式等信息； （二）有限责任公司股东股权转让等股权变更信息； （三）行政许可取得、变更、延续信息； （四）知识产权出质登记信息； （五）受到行政处罚的信息； （六）其他依法应当公示的信息。 工商行政管理部门发现企业未依照前款规定履行公示义务的，应当责令其限期履行。	发起人认购的股份数、股份变更信息应予公示的规定。 本条规定的有限责任公司股东认缴和实缴的出资额、出资方式、出资日期和股权变更信息等事项并非《公司法》第三十二条规定的公司登记事项，但这些事项的公开，便于公司及股东的交易相对方对相关信息的获取，对保护交易安全、提高交易效率具有重要作用，契合商事外观主义的要求。故本条规定公司应将上述事项通过国家企业信用信息公示系统予以公示。同时，公司应当确保前款公示信息真实、准确、完整，公司不如实公示相关信息的，需要承担第二百五十一条规定的法律责任。
第四十一条　【提升登记便利化】公司登记机关应当优化公司登记办理流程，提高公司登记效率，加强信息化建设，推行网上办理等便捷方式，提升公司登记便利化水平。 **国务院市场监督管理部门根据本法和有关法律、行政法规的规定，制定公司登记注册**	**《市场主体登记管理条例》第六条**　国务院市场监督管理部门应当加强信息化建设，制定统一的市场主体登记数据和系统建设规范。 县级以上地方人民政府承担市场主体登记工作的部门（以下称登记机关）应当优化市场主体登记办理流程，提高市场主体登记效率，	本条是关于提升公司登记便利化水平的规定，属新增条文。 本条吸收借鉴了《市场主体登记管理条例》第六条规定，将优化公司登记办理流程、加强信息化建设、提高公司登记便利化水平等内容，上升为法律规定。并且明确规定由国务院市场监督管理部门依法制定公司登记注册的具体办法。

新《公司法》	原《公司法》及相关规定	释义与修法解读
的具体办法。	推行当场办结、一次办结、限时办结等制度，实现集中办理、就近办理、网上办理、异地可办，提升市场主体登记便利化程度。	

第三章　有限责任公司的设立和组织机构

新《公司法》	原《公司法》及相关规定	释义与修法解读
第一节　设　立		
第四十二条　【股东人数】有限责任公司由**一个以上**五十个以下股东出资设立。	**原《公司法》第二十四条**　有限责任公司由五十个以下股东出资设立。	本条是关于有限责任公司股东人数的规定，增加了"一个以上"的表述，但内容无实质性修改。
第四十三条　【设立协议】有限责任公司设立时的股东可以签订设立协议，明确各自在公司设立过程中的权利和义务。	**原《公司法》第七十九条第二款**　发起人应当签订发起人协议，明确各自在公司设立过程中的权利和义务。	本条是关于有限责任公司股东签订设立协议的规定，属于新增条文。 本条参考了原《公司法》第七十九条第二款股份公司发起人应签订发起人协议的规定。所不同的是，有限责任公司股东可以选择签订或不签订设立协议，故本条属于任意性规范；而《公司法》第九十三条则规定，股份有限公司发起人应当签订发起人协议，故该条属于强制性规范。
第四十四条　【公司设立行为的法律后果】有限责任公司设立时的股东为设立公司从事的民事活动，其法律后果由公司承受。 **公司未成立的，其法律后果由公司设立时的股东承受；设立时的股东为二人以上的，享有连**	**《民法典》第七十五条**　设立人为设立法人从事的民事活动，其法律后果由法人承受；法人未成立的，其法律后果由设立人承受，设立人为二人以上的，享有连带债权，承担连带债务。设立人为设立法人以自己的名义从事民事	本条是关于有限责任公司设立行为法律后果的规定，属于新增条文。 本条相关内容在《民法典》第七十五条法人设立行为的法律后果及《公司法解释三》第二条至第五条中已有相关规定。

新《公司法》	原《公司法》及相关规定	释义与修法解读
带债权，承担连带债务。 **设立时的股东为设立公司以自己的名义从事民事活动产生的民事责任，第三人有权选择请求公司或者公司设立时的股东承担。** **设立时的股东因履行公司设立职责造成他人损害的，公司或者无过错的股东承担赔偿责任后，可以向有过错的股东追偿。**	活动产生的民事责任，第三人有权选择请求法人或者设立人承担。 《公司法解释三》 **第二条**　发起人为设立公司以自己名义对外签订合同，合同相对人请求该发起人承担合同责任的，人民法院应予支持；公司成立后合同相对人请求公司承担合同责任的，人民法院应予支持。 **第三条**　发起人以设立中公司名义对外签订合同，公司成立后合同相对人请求公司承担合同责任的，人民法院应予支持。 公司成立后有证据证明发起人利用设立中公司的名义为自己的利益与相对人签订合同，公司以此为由主张不承担合同责任的，人民法院应予支持，但相对人为善意的除外。 **第四条**　公司因故未成立，债权人请求全体或者部分发起人对设立公司行为所产生的费用和债务承担连带清偿责任的，人民法院应予支持。	

新《公司法》	原《公司法》及相关规定	释义与修法解读
	部分发起人依照前款规定承担责任后，请求其他发起人分担的，人民法院应当判令其他发起人按照约定的责任承担比例分担责任；没有约定责任承担比例的，按照约定的出资比例分担责任；没有约定出资比例的，按照均等份额分担责任。 因部分发起人的过错导致公司未成立，其他发起人主张其承担设立行为所产生的费用和债务的，人民法院应当根据过错情况，确定过错一方的责任范围。 **第五条** 发起人因履行公司设立职责造成他人损害，公司成立后受害人请求公司承担侵权赔偿责任的，人民法院应予支持；公司未成立，受害人请求全体发起人承担连带赔偿责任的，人民法院应予支持。 公司或者无过错的发起人承担赔偿责任后，可以向有过错的发起人追偿。	

新《公司法》	原《公司法》及相关规定	释义与修法解读
第四十五条　【公司章程制定】设立有限责任公司，应当由股东共同制定公司章程。	**原《公司法》第二十三条**　设立有限责任公司，应当具备下列条件： …… （三）股东共同制定公司章程； ……	本条是关于有限责任公司章程制定的规定。 本条内容无实质性修改，但是将其单独规定成条，可见章程对公司治理的重要性。
第四十六条　【公司章程内容】有限责任公司章程应当载明下列事项： （一）公司名称和住所； （二）公司经营范围； （三）公司注册资本； （四）股东的姓名或者名称； （五）股东的出资额、出资方式和出资日期； （六）公司的机构及其产生办法、职权、议事规则； （七）公司法定代表**人的产生、变更办法；** （八）股东会认为需要规定的其他事项。 股东应当在公司章程上签名**或者**盖章。	**原《公司法》第二十五条**　有限责任公司章程应当载明下列事项： （一）公司名称和住所； （二）公司经营范围； （三）公司注册资本； （四）股东的姓名或者名称； （五）股东的出资方式、出资额和出资时间； （六）公司的机构及其产生办法、职权、议事规则； （七）公司法定代表人； （八）股东会会议认为需要规定的其他事项。 股东应当在公司章程上签名、盖章。	本条是关于公司章程应记载事项的规定。 相较原规定，本条将第一款第七项“公司法定代表人”修改为“法定代表人的产生、变更办法”，属于重大变化。 根据本条规定，公司法定代表人不是公司章程必须载明的事项，在公司变更法定代表人后，无须变更公司章程。

新《公司法》	原《公司法》及相关规定	释义与修法解读
第四十七条 【注册资本】有限责任公司的注册资本为在公司登记机关登记的全体股东认缴的出资额。**全体股东认缴的出资额由股东按照公司章程的规定自公司成立之日起五年内缴足**。 法律、行政法规以及国务院决定对有限责任公司注册资本实缴、注册资本最低限额、**股东出资期限**另有规定的，从其规定。	**原《公司法》第二十六条** 有限责任公司的注册资本为在公司登记机关登记的全体股东认缴的出资额。 法律、行政法规以及国务院决定对有限责任公司注册资本实缴、注册资本最低限额另有规定的，从其规定。 **《公司法》(2005 年修订) 第二十六条第一款** 有限责任公司的注册资本为在公司登记机关登记的全体股东认缴的出资额。公司全体股东的首次出资额不得低于注册资本的百分之二十，也不得低于法定的注册资本最低限额，其余部分由股东自公司成立之日起两年内缴足；其中，投资公司可以在五年内缴足。	本条是关于有限责任公司注册资本的规定。 相较原规定，本条将无认缴期限修改为五年最长认缴期限，是此次《公司法》修订最为瞩目的条款之一。 作此修改，应该有以下考量： 自 2013 年修改《公司法》实施注册资本认缴登记制，取消出资期限、最低注册资本和首期出资比例以来，方便了公司设立，激发了创业活力，公司数量增加迅速。但实践中也出现股东认缴期限过长、注册资本虚高等违反诚信原则的行为，影响交易安全、损害债权人利益，增加监管和司法成本。 此次修改总结改革的经验，明确股东出资应当自公司成立之日起五年内缴足，具体缴纳日期由公司章程规定。 同时，本条明确了法律、行政法规以及国务院决定可以对有限责任公司出资期限作出特别规定，为重点行业及特殊领域设定其他认缴期限留出制度空间。 关于本次公司法修订前登记设立公司的出资期限问题，根据第二百六十六条第二款的规定，本法施行前已登记设立的公司，出资期限超过本法规定的期限的，除法律、行政法规或者国务院另有规定外，应当逐步调整至本

新《公司法》	原《公司法》及相关规定	释义与修法解读
		法规定的期限以内；对于出资期限、出资额明显异常的，公司登记机关可以依法要求其及时调整。具体实施办法由国务院规定。
第四十八条　【出资方式】股东可以用货币出资，也可以用实物、知识产权、土地使用权、**股权、债权**等可以用货币估价并可以依法转让的非货币财产作价出资；但是，法律、行政法规规定不得作为出资的财产除外。 对作为出资的非货币财产应当评估作价，核实财产，不得高估或者低估作价。法律、行政法规对评估作价有规定的，从其规定。	**原《公司法》第二十七条**　股东可以用货币出资，也可以用实物、知识产权、土地使用权等可以用货币估价并可以依法转让的非货币财产作价出资；但是，法律、行政法规规定不得作为出资的财产除外。 对作为出资的非货币财产应当评估作价，核实财产，不得高估或者低估作价。法律、行政法规对评估作价有规定的，从其规定。 **《公司法解释三》第十一条**　出资人以其他公司股权出资，符合下列条件的，人民法院应当认定出资人已履行出资义务： （一）出资的股权由出资人合法持有并依法可以转让； （二）出资的股权无权利瑕疵或者权利负担； （三）出资人已履行关于股权转让的法定手续；	本条是关于有限责任公司出资方式的规定。 本条吸收借鉴《公司法解释三》第十一条、《市场主体登记管理条例实施细则》第十三条第三款的规定，在原有的出资方式基础上，增加列举了股东可以用股权、债权这两种非货币财产作价出资。

新《公司法》	原《公司法》及相关规定	释义与修法解读
	（四）出资的股权已依法进行了价值评估。 股权出资不符合前款第（一）、（二）、（三）项的规定，公司、其他股东或者公司债权人请求认定出资人未履行出资义务的，人民法院应当责令该出资人在指定的合理期间内采取补正措施，以符合上述条件；逾期未补正的，人民法院应当认定其未依法全面履行出资义务。 股权出资不符合本条第一款第（四）项的规定，公司、其他股东或者公司债权人请求认定出资人未履行出资义务的，人民法院应当按照本规定第九条的规定处理。 **《市场主体登记管理条例实施细则》第十三条第三款** 依法以境内公司股权或者债权出资的，应当权属清楚、权能完整，依法可以评估、转让，符合公司章程规定。	

新《公司法》	原《公司法》及相关规定	释义与修法解读
第四十九条　【出资义务】股东应当按期足额缴纳公司章程规定的各自所认缴的出资额。 股东以货币出资的，应当将货币出资足额存入有限责任公司在银行开设的账户；以非货币财产出资的，应当依法办理其财产权的转移手续。 **股东未按期足额缴纳出资的，除应当向公司足额缴纳外，还应当对给公司造成的损失承担赔偿责任。**	**原《公司法》第二十八条**　股东应当按期足额缴纳公司章程中规定的各自所认缴的出资额。股东以货币出资的，应当将货币出资足额存入有限责任公司在银行开设的账户；以非货币财产出资的，应当依法办理其财产权的转移手续。 ~~股东不按照前款规定缴纳出资的，除应当向公司足额缴纳外，还应当向已按期足额缴纳出资的股东承担违约责任。~~	本条是关于股东应按期足额缴纳出资的规定。 相较原规定，此次修改删除了原《公司法》第二十八条第二款关于未出资股东向其他股东承担违约责任的规定，新增了未出资股东对公司损失承担赔偿责任的规定。 作此修改应该有以下两个方面的考量： 第一，股东对公司具有按期足额缴纳出资的义务，未按期足额缴纳出资可能影响公司的资本充实，对公司的经营发展产生影响，因而股东未按期足额缴纳出资给公司造成损失的，应当向公司承担赔偿责任。 第二，公司依法成立后，股东出资义务的相对方是公司，并不是股东和其他股东。股东之间如果就出资问题约定了违约责任，出现股东未按期足额缴纳出资情形的，按照约定处理即可，公司法无须规定未出资股东向其他股东承担违约责任。 因此本条删除了股东应向其他足额出资股东承担违约责任的规定，增加规定了股东在补足出资后，应对给公司造成的损失承担赔偿责任。

新《公司法》	原《公司法》及相关规定	释义与修法解读
第五十条　【设立时出资不足的连带责任】有限责任公司**设立时，股东未按照公司章程规定实际缴纳出资**，或者实际出资的非货币财产的实际价额显著低于**所认缴的出资额的**，设立时的其他股东与该股东在出资不足的范围内承担连带责任。	**原《公司法》第三十条**　有限责任公司成立后，发现作为设立公司出资的非货币财产的实际价额显著低于公司章程所定价额的，应当由交付该出资的股东补足其差额；公司设立时的其他股东承担连带责任。	本条是关于公司设立时股东出资不足或出资不实情况下股东及公司设立时其他股东责任的规定。 相较原规定，本条有如下实质修改：原《公司法》规定了设立时其他股东对"掺水股"的连带责任，修改后的条文将连带责任扩大到现金出资，但是对两者的连带责任都限定在公司成立时需要实际缴纳出资但出资不足的部分，不包括设立时股东认缴在公司成立后才需要实缴的部分。
第五十一条　【董事会的核查、催缴义务】有限责任公司成立后，董事会应当对股东的出资情况进行核查，发现股东未按期足额缴纳公司章程规定的出资的，应当由公司向该股东发出书面催缴书，催缴出资。 **未及时履行前款规定的义务，给公司造成损失的，负有责任的董事应当承担赔偿责任。**	**《公司法解释三》第十三条第四款**　股东在公司增资时未履行或者未全面履行出资义务，依照本条第一款或者第二款提起诉讼的原告，请求未尽公司法第一百四十七条第一款规定的义务而使出资未缴足的董事、高级管理人员承担相应责任的，人民法院应予支持；董事、高级管理人员承担责任后，可以向被告股东追偿。	本条规定了董事会对维持公司资本充实的责任，属于新增条文。具体而言： 第一，本条第一款明确了董事会对股东出资情况的核查和书面催缴义务，根据该规定，承担核查和催缴义务的主体是董事会，催缴方式应当是发出书面催缴书催缴出资。 第二，本条第二款规定了董事会违反该义务的法律后果，根据该规定，承担责任的主体是负有责任的董事，承担责任的条件是董事会未及时履行核查和催缴义务给公司造成损失，承担责任的方式是赔偿损失。 由于承担公司出资义务的主体是股东，因此董事承担前述赔偿责任后，可以向未履行出资义务的股东追偿。

新《公司法》	原《公司法》及相关规定	释义与修法解读
第五十二条　【股东失权】股东未按照公司章程规定的出资日期缴纳出资，公司依照前条第一款规定发出书面催缴书催缴出资的，可以载明缴纳出资的宽限期；宽限期自公司发出催缴书之日起，不得少于六十日。宽限期届满，股东仍未履行出资义务的，公司经董事会决议可以向该股东发出失权通知，通知应当以书面形式发出。自通知发出之日起，该股东丧失其未缴纳出资的股权。 **依照前款规定丧失的股权应当依法转让，或者相应减少注册资本并注销该股权；六个月内未转让或者注销的，由公司其他股东按照其出资比例足额缴纳相应出资。** **股东对失权有异议的，应当自接到失权通知之日起三十日内，向人民法院提起诉讼。**	《公司法解释三》**第十七条**　有限责任公司的股东未履行出资义务或者抽逃全部出资，经公司催告缴纳或者返还，其在合理期间内仍未缴纳或者返还出资，公司以股东会决议解除该股东的股东资格，该股东请求确认该解除行为无效的，人民法院不予支持。 在前款规定的情形下，人民法院在判决时应当释明，公司应当及时办理法定减资程序或者由其他股东或者第三人缴纳相应的出资。在办理法定减资程序或者其他股东或者第三人缴纳相应的出资之前，公司债权人依照本规定第十三条或者第十四条请求相关当事人承担相应责任的，人民法院应予支持。	本条是关于有限责任公司股东失权制度的规定，属于新增条文，也是本次《公司法》修订的亮点之一。 根据本条规定，股东失权制度构成要件如下： 第一，公司发送失权通知的条件为“股东未按照公司章程规定的出资日期缴纳出资”以及“宽限期届满股东仍未缴纳出资”。 第二，根据《公司法》第五十一条的规定，股东失权规则的行权主体是董事会。 第三，在程序要求上，自失权通知发出之日起，该股东即丧失其未缴纳出资的股权。 第四，在后续处理方式上，丧失的股权应当依法转让，或者相应减少注册资本并注销该股权；六个月内未转让或者注销的，由公司其他股东按照其出资比例足额缴纳相应出资。 第五，在司法救济上，考虑到失权制度对股东权利影响较大，本条第三款规定，股东对失权有异议的，应当自接到失权通知之日起三十日内，向人民法院提起诉讼。 根据上述分析，本条规定的股东失权制度与《公司法解释三》第十七条规定的股东除权规则在适用条件、权利主体、适用程序、法律后果、司法救济等方面均有不同。

新《公司法》	原《公司法》及相关规定	释义与修法解读
第五十三条 【抽逃出资的法律责任】 公司成立后，股东不得抽逃出资。 **违反前款规定的，股东应当返还抽逃的出资；给公司造成损失的，负有责任的董事、监事、高级管理人员应当与该股东承担连带赔偿责任。**	**原《公司法》第三十五条** 公司成立后，股东不得抽逃出资。 **《公司法解释三》第十四条** 股东抽逃出资，公司或者其他股东请求其向公司返还出资本息、协助抽逃出资的其他股东、董事、高级管理人员或者实际控制人对此承担连带责任的，人民法院应予支持。 公司债权人请求抽逃出资的股东在抽逃出资本息范围内对公司债务不能清偿的部分承担补充赔偿责任、协助抽逃出资的其他股东、董事、高级管理人员或者实际控制人对此承担连带责任的，人民法院应予支持；抽逃出资的股东已经承担上述责任，其他债权人提出相同请求的，人民法院不予支持。	本条是关于股东抽逃出资责任的规定，第二款属于新增条款。 与原《公司法》及《公司法解释三》相比，本条新增了给公司造成损失的，对抽逃出资负有责任的董事、监事、高级管理人员应当与该股东承担连带赔偿责任的规定。
第五十四条 【股东出资加速到期】公司不能清偿到期债务的，公司或者已到期债权的债权人有权要求已认缴出资但未届出资期限的股东提前缴纳出资。	**《企业破产法》第三十五条** 人民法院受理破产申请后，债务人的出资人尚未完全履行出资义务的，管理人应当要求该出资人缴纳所认缴的出资，而不受出资期限的限制。	本条是关于公司股东出资加速到期的规定，属于新增条文。 本次《公司法》修订前，注册资本认缴制下关于股东出资加速到期的规定主要有两个，即《企业破产法》第三十五条规定的企业破产时的出资加速到期和《公司法解释二》第二十二条第一款规定

新《公司法》	原《公司法》及相关规定	释义与修法解读
	《公司法解释二》第二十二条第一款 公司解散时，股东尚未缴纳的出资均应作为清算财产。股东尚未缴纳的出资，包括到期应缴未缴的出资，以及依照公司法第二十六条和第八十条的规定分期缴纳尚未届满缴纳期限的出资。 **《九民纪要》第六条** 在注册资本认缴制下，股东依法享有期限利益。债权人以公司不能清偿到期债务为由，请求未届出资期限的股东在未出资范围内对公司不能清偿的债务承担补充赔偿责任的，人民法院不予支持。但是，下列情形除外： （1）公司作为被执行人的案件，人民法院穷尽执行措施无财产可供执行，已具备破产原因，但不申请破产的； （2）在公司债务产生后，公司股东（大）会决议或以其他方式延长股东出资期限的。	的公司解散时的出资加速到期，适用范围较小。《九民纪要》明确了在两种情形下，股东出资应加速到期。 本条正式在公司法层面确立了股东出资加速到期制度，与司法实践中广泛适用的《九民纪要》第六条的规定有如下适用区别： 第一，本条适用的前提条件是“公司不能清偿到期债务”，而《九民纪要》适用的条件是“公司已具备破产原因，但不申请破产的”，显然，本条规定的适用范围更为广泛。 第二，本条规定的请求股东出资加速到期的权利主体是“公司或者已到期债权的债权人”，而《九民纪要》规定的权利主体是债权人。 第三，本条规定的提前缴纳的出资并非向债权人承担补充赔偿责任式的个别清偿，而是归入公司。

新《公司法》	原《公司法》及相关规定	释义与修法解读
第五十五条　【出资证明书】有限责任公司成立后，应当向股东签发出资证明书，记载下列事项： （一）公司名称； （二）公司成立日期； （三）公司注册资本； （四）股东的姓名或者名称、**认缴和实缴的**出资额、**出资方式**和出资日期； （五）出资证明书的编号和核发日期。 出资证明书**由法定代表人签名**，并由公司盖章。	**原《公司法》第三十一条**　有限责任公司成立后，应当向股东签发出资证明书。 出资证明书应当载明下列事项： （一）公司名称； （二）公司成立日期； （三）公司注册资本； （四）股东的姓名或者名称、缴纳的出资额和出资日期； （五）出资证明书的编号和核发日期。 出资证明书由公司盖章。	本条是关于有限责任公司出资证明书的规定，相较原规定，有两处修改： 一是将出资证明书应记载的缴纳的出资额区分为“认缴”和“实缴”进行记载，并增加了“出资方式”这一记载事项。 二是对于出资证明书的形成要件，增加了“由法定代表人签名”的规定。
第五十六条　【股东名册】有限责任公司应当置备股东名册，记载下列事项： （一）股东的姓名或者名称及住所； （二）**股东认缴和实缴的出资额、出资方式和出资日期；** （三）出资证明书编号； **（四）取得和丧失股东资格的日期。** 记载于股东名册	**原《公司法》第三十二条第一款**　有限责任公司应当置备股东名册，记载下列事项： （一）股东的姓名或者名称及住所； （二）股东的出资额； （三）出资证明书编号。 **第二款**　记载于股东名册的股东，可以依股东名册主张行使股东权利。	本条是关于有限责任公司股东名册的规定，相较原规定，有两处修改： 一是将股东的出资额区分为“认缴”和“实缴”进行记载，并增加了“出资方式”和“出资日期”记载事项。 二是增加了“取得和丧失股东资格的日期”记载事项。

新《公司法》	原《公司法》及相关规定	释义与修法解读
的股东，可以依股东名册主张行使股东权利。		
第五十七条 【股东查阅、复制权】股东有权查阅、复制公司章程、**股东名册**、股东会会议记录、董事会会议决议、监事会会议决议和财务会计报告。 股东可以要求查阅公司会计账簿、**会计凭证**。股东要求查阅公司会计账簿、**会计凭证**的，应当向公司提出书面请求，说明目的。公司有合理根据认为股东查阅会计账簿、**会计凭证**有不正当目的，可能损害公司合法利益的，可以拒绝提供查阅，并应当自股东提出书面请求之日起十五日内书面答复股东并说明理由。**公司拒绝提供查阅的，股东可以向人民法院提起诉讼。** **股东查阅前款规定的材料，可以委托会计师事务所、律师事务所等中介机构进行。** **股东及其委托的会计师事务所、律师事务所等中介机构查阅、**	**原《公司法》第三十三条** 股东有权查阅、复制公司章程、股东会会议记录、董事会会议决议、监事会会议决议和财务会计报告。 股东可以要求查阅公司会计账簿。股东要求查阅公司会计账簿的，应当向公司提出书面请求，说明目的。公司有合理根据认为股东查阅会计账簿有不正当目的，可能损害公司合法利益的，可以拒绝提供查阅，并应当自股东提出书面请求之日起十五日内书面答复股东并说明理由。公司拒绝提供查阅的，股东可以请求人民法院要求公司提供查阅。 **《公司法解释四》第十条第二款** 股东依据人民法院生效判决查阅公司文件材料的，在该股东在场的情况下，可以由会计师、律师等依法或者依据执业行为规范负有保密义务的中介机构执业人员辅助进行。	本条是关于股东知情权的规定，属于重大变化条款，也是本次《公司法》修订的亮点之一。 具体而言，本次《公司法》修订关于股东知情权有三大变化： 一是明确了会计凭证属于股东行使知情权可以查阅的范围。 根据《会计法》的相关规定，会计凭证和会计账簿是并列的会计资料，会计凭证包括原始凭证和记账凭证，能直接反映企业动态的经济业务，通过查阅会计凭证，股东能更直接了解公司的经营情况。司法实践中，受限于原《公司法》规定，法院往往无法支持股东要求查阅会计凭证的诉讼请求。本次《公司法》修订后，法院支持股东查阅公司会计凭证将有法可依。 二是吸收《公司法解释四》的相关规定，赋予了股东委托第三方中介机构进行查阅、复制的权利，有利于更好地保护股东尤其是中小股东知情权。 三是增加股东可以要求查阅、复制公司全资子公司相关材料的规定，进一步完善了股东知情权制度，有利于更好地保障中小股东知情权，发挥股东在监督公司治理方面的作用。

新《公司法》	原《公司法》及相关规定	释义与修法解读
复制有关材料，应当遵守有关保护国家秘密、商业秘密、个人隐私、个人信息等法律、行政法规的规定。 **股东要求查阅、复制公司全资子公司相关材料的，适用前四款的规定。**	**第十一条第二款** 根据本规定第十条辅助股东查阅公司文件材料的会计师、律师等泄露公司商业秘密导致公司合法利益受到损害，公司请求其赔偿相关损失的，人民法院应当予以支持。	
第二节 组织机构		
第五十八条 【股东会的组成及地位】 有限责任公司股东会由全体股东组成。股东会是公司的权力机构，依照本法行使职权。	**原《公司法》第三十六条** 有限责任公司股东会由全体股东组成。股东会是公司的权力机构，依照本法行使职权。	本条是关于有限责任公司股东会的组成及地位的规定，内容无修改。
第五十九条 【股东会职权】 股东会行使下列职权： （一）选举和更换董事、监事，决定有关董事、监事的报酬事项； （二）审议批准董事会的报告； （三）审议批准监事会的报告； （四）审议批准公司的利润分配方案和弥补亏损方案； （五）对公司增加或者减少注册资本作出决议；	**原《公司法》第三十七条** 股东会行使下列职权： （一）决定公司的经营方针和投资计划； （二）选举和更换非由职工代表担任的董事、监事，决定有关董事、监事的报酬事项； （三）审议批准董事会的报告； （四）审议批准监事会或者监事的报告； （五）审议批准公司的年度财务预算方案、决算方案；	本条是关于有限责任公司股东会职权的规定。相较原规定，主要有两处变化：第一，本条删除了股东会“决定公司的经营方针和投资计划”和“审议批准公司的年度财务预算方案、决算方案”两项职权。 第二，新增股东会可以授权董事会对发行公司债券作出决议的规定。

新《公司法》	原《公司法》及相关规定	释义与修法解读
（六）对发行公司债券作出决议； （七）对公司合并、分立、解散、清算或者变更公司形式作出决议； （八）修改公司章程； （九）公司章程规定的其他职权。 **股东会可以授权董事会对发行公司债券作出决议。** 对本条第一款所列事项股东以书面形式一致表示同意的，可以不召开股东会会议，直接作出决定，并由全体股东在决定文件上签名**或者**盖章。	（六）审议批准公司的利润分配方案和弥补亏损方案； （七）对公司增加或者减少注册资本作出决议； （八）对发行公司债券作出决议； （九）对公司合并、分立、解散、清算或者变更公司形式作出决议； （十）修改公司章程； （十一）公司章程规定的其他职权。 对前款所列事项股东以书面形式一致表示同意的，可以不召开股东会会议，直接作出决定，并由全体股东在决定文件上签名、盖章。	
第六十条　【一人公司的股东决议】只有一个股东的有限责任公司不设股东会。股东作出前条第一款所列事项的决定时，应当采用书面形式，并由股东签名**或者盖章**后置备于公司。	**原《公司法》第六十一条**　一人有限责任公司不设股东会。股东作出本法第三十七条第一款所列决定时，应当采用书面形式，并由股东签名后置备于公司。	本条是关于一人公司股东决议的规定。 因为存在非自然人主体作为唯一股东的情况，故增加了“或者盖章”的规定，条文内容无实质性修改。

新《公司法》	原《公司法》及相关规定	释义与修法解读
第六十一条　【首次股东会会议】首次股东会会议由出资最多的股东召集和主持，依照本法规定行使职权。	**原《公司法》第三十八条**　首次股东会会议由出资最多的股东召集和主持，依照本法规定行使职权。	本条是关于有限责任公司首次股东会会议的规定，内容无修改。
第六十二条　【定期会议和临时会议】股东会会议分为定期会议和临时会议。 定期会议应当**按照**公司章程的规定按时召开。代表十分之一以上表决权的股东、三分之一以上的董事或者监事会提议召开临时会议的，应当召开临时会议。	**原《公司法》第三十九条**　股东会会议分为定期会议和临时会议。 定期会议应当依照公司章程的规定按时召开。代表十分之一以上表决权的股东，三分之一以上的董事，监事会~~或者不设监事会的公司的监事~~提议召开临时会议的，应当召开临时会议。	本条是关于有限责任公司定期会议和临时会议的规定。 相较原规定，删除了不设监事会的公司的监事可以提议召开临时股东会会议的表述。这是因为，按照《公司法》第八十三条的规定，规模较小或者股东人数较少的有限责任公司，可以不设监事会，设一名监事，行使本法规定的监事会的职权，经全体股东一致同意，也可以不设监事。故本条无须重复规定。 本条其他内容无实质性修改。
第六十三条　【股东会会议的召集与主持】股东会会议由董事会召集，董事长主持；董事长不能履行职务或者不履行职务的，由副董事长主持；副董事长不能履行职务或者不履行职务的，由过半数的董事共同推举一名董事主持。	**原《公司法》第四十条**　有限责任公司设立董事会的，股东会会议由董事会召集，董事长主持；董事长不能履行职务或者不履行职务的，由副董事长主持；副董事长不能履行职务或者不履行职务的，由半数以上董事共同推举一名董事主持。	本条是关于有限责任公司股东会会议的召集与主持的规定。 相较原规定，删除了有限责任公司不设董事会的，股东会会议由执行董事召集和主持的规定，这是因为，按照《公司法》第七十五条的规定，规模较小或者股东人数较少的有限责任公司，可以不设董事会，设一名董事，行使《公司法》规定的董事会的职权。此处无须重复规定。

新《公司法》	原《公司法》及相关规定	释义与修法解读
董事会不能履行或者不履行召集股东会会议职责的，由监事会召集和主持；监事会不召集和主持的，代表十分之一以上表决权的股东可以自行召集和主持。	~~有限责任公司不设董事会的，股东会会议由执行董事召集和主持。~~ 董事会~~或者执行董事~~不能履行或者不履行召集股东会会议职责的，由监事会~~或者不设监事会的公司的监事~~召集和主持；监事会或者监事不召集和主持的，代表十分之一以上表决权的股东可以自行召集和主持。	同时，新法也删除了原《公司法》关于不设监事会的公司监事召集和主持股东会会议的规定。 本条其他内容无实质性修改。
第六十四条　【股东会会议的通知与记录】召开股东会会议，应当于会议召开十五日前通知全体股东；但是，公司章程另有规定或者全体股东另有约定的除外。 股东会应当对所议事项的决定作成会议记录，出席会议的股东应当在会议记录上签名**或者盖章**。	**原《公司法》第四十一条**　召开股东会会议，应当于会议召开十五日前通知全体股东；但是，公司章程另有规定或者全体股东另有约定的除外。 股东会应当对所议事项的决定作成会议记录，出席会议的股东应当在会议记录上签名。	本条是关于有限责任公司股东会会议通知与记录的规定，增加了“或者盖章”的规定，其他内容无修改。
第六十五条　【股东的表决权】股东会会议由股东按照出资比例行使表决权；但是，公司章程另有规定的除外。	**原《公司法》第四十二条**　股东会会议由股东按照出资比例行使表决权；但是，公司章程另有规定的除外。	本条是关于有限责任公司股东行使表决权的规定，内容无修改。

新《公司法》	原《公司法》及相关规定	释义与修法解读
第六十六条 【股东会的议事方式和表决程序】股东会的议事方式和表决程序，除本法有规定的外，由公司章程规定。 **股东会作出决议，应当经代表过半数表决权的股东通过。** 股东会作出修改公司章程、增加或者减少注册资本的决议，以及公司合并、分立、解散或者变更公司形式的决议，**应当**经代表三分之二以上表决权的股东通过。	**原《公司法》第四十三条** 股东会的议事方式和表决程序，除本法有规定的外，由公司章程规定。 股东会会议作出修改公司章程、增加或者减少注册资本的决议，以及公司合并、分立、解散或者变更公司形式的决议，必须经代表三分之二以上表决权的股东通过。	本条是关于有限责任公司股东会的议事方式和表决程序的规定。 相较原规定，新增了股东会会议作出决议应当经代表过半数表决权的股东通过的规定。 原《公司法》规定股东会会议作出修改公司章程、增加或者减少注册资本的决议，以及公司合并、分立、解散或者变更公司形式的决议，应当经代表三分之二以上表决权的股东通过，但是对一般事项的表决通过比例没有明确规定。 在公司章程对此没有规定的情况下，虽然能够适用资本多数决的原则推定为股东会会议作出决议应当经代表过半数表决权的股东通过，但是实践中也引发了一定的争议，故本次《公司法》修订明确股东会会议作出决议应当经代表过半数表决权的股东通过。 需要注意的是，《民法典》第一千二百五十九条规定：民法所称的“以上”“以下”“以内”“届满”，包括本数；所称的“不满”“超过”“以外”，不包括本数。本条规定的“过半数表决权”不包含本数，相较于《公司法修订草案二》“二分之一以上表决权”的规定，更加具体、明确，无适用上的争议。

新《公司法》	原《公司法》及相关规定	释义与修法解读
第六十七条　【董事会职权】有限责任公司设董事会，本法第七十五条另有规定的除外。 董事会行使下列职权： （一）召集股东会会议，并向股东会报告工作； （二）执行股东会的决议； （三）决定公司的经营计划和投资方案； （四）制订公司的利润分配方案和弥补亏损方案； （五）制订公司增加或者减少注册资本以及发行公司债券的方案； （六）制订公司合并、分立、解散或者变更公司形式的方案； （七）决定公司内部管理机构的设置； （八）决定聘任或者解聘公司经理及其报酬事项，并根据经理的提名决定聘任或者解聘公司副经理、财务负责人及其报酬事项； （九）制定公司的基本管理制度；	原《公司法》第四十六条　董事会对股东会负责，行使下列职权： （一）召集股东会会议，并向股东会报告工作； （二）执行股东会的决议； （三）决定公司的经营计划和投资方案； ~~（四）制订公司的年度财务预算方案、决算方案；~~ （五）制订公司的利润分配方案和弥补亏损方案； （六）制订公司增加或者减少注册资本以及发行公司债券的方案； （七）制订公司合并、分立、解散或者变更公司形式的方案； （八）决定公司内部管理机构的设置； （九）决定聘任或者解聘公司经理及其报酬事项，并根据经理的提名决定聘任或者解聘公司副经理、财务负责人及其报酬事项； （十）制定公司的基本管理制度； （十一）公司章程规定的其他职权。	本条是关于有限责任公司董事会职权的规定。 相较原规定，删除了“制订公司的年度财务预算方案、决算方案”职权。 本条第三款系新增条款，明确公司章程对董事会权力的限制不得对抗善意相对人，与《公司法》第十一条第二款“公司章程或者股东会对法定代表人职权的限制，不得对抗善意相对人”的规定保持一致。

新《公司法》	原《公司法》及相关规定	释义与修法解读
（十）公司章程规定或者股东会授予的其他职权。 **公司章程对董事会职权的限制不得对抗善意相对人。**		
第六十八条 【董事会的组成】有限责任公司董事会成员为三人以上，其成员中可以有公司职工代表。**职工人数三百人以上的有限责任公司，除依法设监事会并有公司职工代表的外，其董事会成员中应当有公司职工代表**。董事会中的职工代表由公司职工通过职工代表大会、职工大会或者其他形式民主选举产生。 董事会设董事长一人，可以设副董事长。董事长、副董事长的产生办法由公司章程规定。	**原《公司法》第四十四条** 有限责任公司设董事会，其成员为三人~~至十三人~~；但是，本法第五十条另有规定的除外。 ~~两个以上的国有企业或者两个以上的其他国有投资主体投资设立的有限责任公司，其董事会成员中应当有公司职工代表；~~其他有限责任公司董事会成员中可以有公司职工代表。董事会中的职工代表由公司职工通过职工代表大会、职工大会或者其他形式民主选举产生。 董事会设董事长一人，可以设副董事长。董事长、副董事长的产生办法由公司章程规定。	本条是关于有限责任公司董事会组成的规定，相较原规定，有如下变化： 第一，本条取消了董事会最多十三人的人数限制。 第二，本条不是按照公司所有权的性质，而是按照公司职工人数的多少确定董事会成员中是否应当有公司职工代表。对于不设监事会的公司，其董事会成员中应当有职工代表；已经设监事会且监事会成员中有职工代表的，董事会成员中鼓励设职工代表，不强制要求。本条扩大了应当有职工代表作为董事会成员的范围，更有利于公司职工参与公司决策以及董事会决策的执行，有助于公司利益以及职工利益的保护。
第六十九条 【审计委员会】有限责任公司可以按照公司章程的规定在董事会中设置由董事组成的审		本条是关于有限责任公司可以设置审计委员会行使监事会职权的规定，属于新增条文，也是本次《公司法》修订的亮点之一。 根据该条规定，有限责任公司

新《公司法》	原《公司法》及相关规定	释义与修法解读
计委员会，行使本法规定的监事会的职权，不设监事会或者监事。公司董事会成员中的职工代表可以成为审计委员会成员。		的监事（会）将不是必须存在的机构，公司可以选择保留监事（会），也可以将其职能进行整合吸收，由董事组成的审计委员会行使有关监事（会）的职权。 考虑到审计委员会是一项新制度，对其成员的组成有必要保持适当的灵活性和包容性，本条规定了公司董事会成员中的职工代表可以成为审计委员会成员，以利于审计委员会更好地行使职权。
第七十条　【董事任期及辞任】董事任期由公司章程规定，但每届任期不得超过三年。董事任期届满，连选可以连任。 董事任期届满未及时改选，或者董事在任期内辞任导致董事会成员低于法定人数的，在改选出的董事就任前，原董事仍应当依照法律、行政法规和公司章程的规定，履行董事职务。 **董事辞任的，应当以书面形式通知公司，公司收到通知之日辞任生效，但存在前款规定情形的，董事应当继续履行职务。**	**原《公司法》第四十五条**　董事任期由公司章程规定，但每届任期不得超过三年。董事任期届满，连选可以连任。 董事任期届满未及时改选，或者董事在任期内辞职导致董事会成员低于法定人数的，在改选出的董事就任前，原董事仍应当依照法律、行政法规和公司章程的规定，履行董事职务。	本条是关于董事任期及辞任的规定。 根据新增的第三款规定，公司收到董事辞任通知之日辞任生效，这是因为董事和公司是委任关系，依据单方的意思表示即发生法律效力。需要说明的是，如果该董事和公司另存在劳动合同关系，则董事身份的辞任不影响劳动合同关系的存续。

新《公司法》	原《公司法》及相关规定	释义与修法解读
第七十一条 【董事的解任】股东会可以决议解任董事，决议作出之日解任生效。 **无正当理由，在任期届满前解任董事的，该董事可以要求公司予以赔偿。**	**《公司法解释五》第三条** 董事任期届满前被股东会或者股东大会有效决议解除职务，其主张解除不发生法律效力的，人民法院不予支持。 董事职务被解除后，因补偿与公司发生纠纷提起诉讼的，人民法院应当依据法律、行政法规、公司章程的规定或者合同的约定，综合考虑解除的原因、剩余任期、董事薪酬等因素，确定是否补偿以及补偿的合理数额。 **《民法典》第九百三十三条** 委托人或者受托人可以随时解除委托合同。因解除合同造成对方损失的，除不可归责于该当事人的事由外，无偿委托合同的解除方应当赔偿因解除时间不当造成的直接损失，有偿委托合同的解除方应当赔偿对方的直接损失和合同履行后可以获得的利益。	本条是关于董事解任的规定，属于新增条文。 本条第一款规定的是股东会对董事的无因解除制度，董事与公司是委托代理关系，委托方可以随时解除合同。 本条第二款规定无正当理由解任董事职务的，被解任的董事有权要求公司予以赔偿，一定程度上保障了董事依法独立行使职权，有利于防止公司控股股东或实际控制人滥用控制权无理由撤换董事会成员。本条规定是完善中国特色现代企业制度，弘扬企业家精神的立法宗旨的体现。
第七十二条 【董事会会议的召集与主持】董事会会议由董事	**原《公司法》第四十七条** 董事会会议由董事长召集和主持；董	本条是关于有限责任公司董事会会议的召集与主持的规定。 相较原规定，本条将“半数

新《公司法》	原《公司法》及相关规定	释义与修法解读
长召集和主持；董事长不能履行职务或者不履行职务的，由副董事长召集和主持；副董事长不能履行职务或者不履行职务的，由**过半数的**董事共同推举一名董事召集和主持。	事长不能履行职务或者不履行职务的，由副董事长召集和主持；副董事长不能履行职务或者不履行职务的，由半数以上董事共同推举一名董事召集和主持。	以上”修改为“过半数”，明确不包括本数，这样规定更加具体、明确，无适用上的争议。 本条其他内容无实质性修改。
第七十三条 【董事会的议事方式和表决程序】董事会的议事方式和表决程序，除本法有规定的外，由公司章程规定。 **董事会会议应当有过半数的董事出席方可举行。董事会作出决议，应当经全体董事的过半数通过。** 董事会决议的表决，应当一人一票。 董事会应当对所议事项的决定作成会议记录，出席会议的董事应当在会议记录上签名。	**原《公司法》第四十八条** 董事会的议事方式和表决程序，除本法有规定的外，由公司章程规定。 董事会应当对所议事项的决定作成会议记录，出席会议的董事应当在会议记录上签名。 董事会决议的表决，实行一人一票。 **第一百一十一条** 董事会会议应有过半数的董事出席方可举行。董事会作出决议，必须经全体董事的过半数通过。 董事会决议的表决，实行一人一票。	本条是关于有限责任公司董事会议事方式、议事规则和表决程序的规定。 第二款规定的董事会议事规则为新增内容，在吸收原《公司法》第一百一十一条股份有限公司相关规定的基础上，明确了有限责任公司董事会会议须过半数董事参加才可举行，且董事会作出决议，要求经全体董事而非出席董事会的董事过半数通过。
第七十四条 【经理的设立与职权】有限责任公司可以设经理，由董事会决定聘任或者解聘。 经理对董事会负	**原《公司法》第四十九条** 有限责任公司可以设经理，由董事会决定聘任或者解聘。经理对董事会负责，~~行使下列职权：~~	本条是关于经理的设立与职权的规定。 相较原规定，本条第二款规定的经理职权未采用列举式规定，而是采用了“根据公司章程的规定或者董事会的授权行使职权”

新《公司法》	原《公司法》及相关规定	释义与修法解读
责，**根据公司章程的规定或者董事会的授权行使职权**。经理列席董事会会议。	~~（一）主持公司的生产经营管理工作，组织实施董事会决议；~~ ~~（二）组织实施公司年度经营计划和投资方案；~~ ~~（三）拟订公司内部管理机构设置方案；~~ ~~（四）拟订公司的基本管理制度；~~ ~~（五）制定公司的具体规章；~~ ~~（六）提请聘任或者解聘公司副经理、财务负责人；~~ ~~（七）决定聘任或者解聘除应由董事会决定聘任或者解聘以外的负责管理人员；~~ ~~（八）董事会授予的其他职权。~~ 公司章程对经理职权另有规定的，从其规定。 经理列席董事会会议。	这一概括式规定，体现了《公司法》对企业自治的尊重。
第七十五条 【不设董事会的情形】规模较小或者股东人数较少的有限责任公司，可以不设董事会，设一名董事，**行使本法规定的董事会的职权**。该董	**原《公司法》第五十条** 股东人数较少或者规模较小的有限责任公司，可以设一名~~执行~~董事，不设董事会。~~执行董事可以兼任公司经理。~~	本条是关于有限责任公司可以不设董事会的规定。 相较原规定，本条不再保留“执行董事”的称呼。 本条规定不设董事会的董事“行使本法规定的董事会的职权”，具有统揽作用，避免在涉及

新《公司法》	原《公司法》及相关规定	释义与修法解读
事可以兼任公司经理。	~~执行董事的职权由公司章程规定。~~	有限责任公司董事会的其他条文处再重复规定“未设董事会的公司的董事……”的情形。
第七十六条　【监事会的设立与组成】 有限责任公司设监事会，**本法第六十九条、第八十三条另有规定的除外**。 监事会成员为三人以上。监事会成员应当包括股东代表和适当比例的公司职工代表，其中职工代表的比例不得低于三分之一，具体比例由公司章程规定。监事会中的职工代表由公司职工通过职工代表大会、职工大会或者其他形式民主选举产生。 监事会设主席一人，由全体监事过半数选举产生。监事会主席召集和主持监事会会议；监事会主席不能履行职务或者不履行职务的，由**过半数**的监事共同推举一名监事召集和主持监事会会议。 董事、高级管理人员不得兼任监事。	**原《公司法》第五十一条**　有限责任公司设监事会，其成员不得少于三人。股东人数较少或者规模较小的有限责任公司，可以设一至二名监事，不设监事会。 监事会应当包括股东代表和适当比例的公司职工代表，其中职工代表的比例不得低于三分之一，具体比例由公司章程规定。监事会中的职工代表由公司职工通过职工代表大会、职工大会或者其他形式民主选举产生。 监事会设主席一人，由全体监事过半数选举产生。监事会主席召集和主持监事会会议；监事会主席不能履行职务或者不履行职务的，由<u>半数以上</u>监事共同推举一名监事召集和主持监事会会议。 董事、高级管理人员不得兼任监事。	本条是关于有限责任公司监事会的设立与组成的规定。 本条增加了按照《公司法》第六十九条和第八十三条可以不设监事会的例外规定，其他内容无实质性修改。

新《公司法》	原《公司法》及相关规定	释义与修法解读
第七十七条　【监事的任期】监事的任期每届为三年。监事任期届满，连选可以连任。 监事任期届满未及时改选，或者监事在任期内辞任导致监事会成员低于法定人数的，在改选出的监事就任前，原监事仍应当依照法律、行政法规和公司章程的规定，履行监事职务。	**原《公司法》第五十二条**　监事的任期每届为三年。监事任期届满，连选可以连任。 监事任期届满未及时改选，或者监事在任期内辞职导致监事会成员低于法定人数的，在改选出的监事就任前，原监事仍应当依照法律、行政法规和公司章程的规定，履行监事职务。	本条是关于有限责任公司监事任期的规定，内容无修改。
第七十八条　【监事会职权】监事会行使下列职权： （一）检查公司财务； （二）对董事、高级管理人员执行职务的行为进行监督，对违反法律、行政法规、公司章程或者股东会决议的董事、高级管理人员提出解任的建议； （三）当董事、高级管理人员的行为损害公司的利益时，要求董事、高级管理人员予以纠正； （四）提议召开临时股东会会议，在董事会不履行本法规定的召集和主持股东会会	**原《公司法》第五十三条**　监事会~~、不设监事会的公司的监事~~行使下列职权： （一）检查公司财务； （二）对董事、高级管理人员执行公司职务的行为进行监督，对违反法律、行政法规、公司章程或者股东会决议的董事、高级管理人员提出罢免的建议； （三）当董事、高级管理人员的行为损害公司的利益时，要求董事、高级管理人员予以纠正； （四）提议召开临时股东会会议，在董事会不履行本法规定的召集和主持股东会会议职责时	本条是关于有限责任公司监事会一般职权的规定，内容无实质性修改。

新《公司法》	原《公司法》及相关规定	释义与修法解读
议职责时召集和主持股东会会议； （五）向股东会会议提出提案； （六）依照本法第一百八十九条的规定，对董事、高级管理人员提起诉讼； （七）公司章程规定的其他职权。	召集和主持股东会会议； （五）向股东会会议提出提案； （六）依照本法第一百五十一条的规定，对董事、高级管理人员提起诉讼； （七）公司章程规定的其他职权。	
第七十九条　【监事的质询权及监事会的调查权】监事可以列席董事会会议，并对董事会决议事项提出质询或者建议。 监事会发现公司经营情况异常，可以进行调查；必要时，可以聘请会计师事务所等协助其工作，费用由公司承担。	**原《公司法》第五十四条**　监事可以列席董事会会议，并对董事会决议事项提出质询或者建议。 监事会~~、不设监事会的公司的监事~~发现公司经营情况异常，可以进行调查；必要时，可以聘请会计师事务所等协助其工作，费用由公司承担。	本条是关于监事列席董事会会议及监事会进行调查等职权的规定，内容无实质性修改。
第八十条　【董事、高管人员对监事会的义务】监事会可以要求董事、高级管理人员提交执行职务的报告。 董事、高级管理人员应当如实向监事会提供有关情况和资料，不得妨碍监事会或者监事行使职权。	**原《公司法》第一百五十条第二款**　董事、高级管理人员应当如实向监事会~~或者不设监事会的有限责任公司的监事~~提供有关情况和资料，不得妨碍监事会或者监事行使职权。	本条是关于董事及高级管理人员对监事会所负义务的规定。 第一款是新增的内容，明确了监事会可以要求董事、高级管理人员提交执行职务的报告，增强了监事会履职的主动性，扩大了监事会的职权范围。

新《公司法》	原《公司法》及相关规定	释义与修法解读
第八十一条 【监事会的会议制度】监事会每年度至少召开一次会议，监事可以提议召开临时监事会会议。 监事会的议事方式和表决程序，除本法有规定的外，由公司章程规定。 监事会决议应当经**全体监事的过半数通过**。 **监事会决议的表决，应当一人一票**。 监事会应当对所议事项的决定作成会议记录，出席会议的监事应当在会议记录上签名。	**原《公司法》第五十五条** 监事会每年度至少召开一次会议，监事可以提议召开临时监事会会议。 监事会的议事方式和表决程序，除本法有规定的外，由公司章程规定。 监事会决议应当经半数以上监事通过。 监事会应当对所议事项的决定作成会议记录，出席会议的监事应当在会议记录上签名。	本条是关于监事会会议制度的规定，相较原规定，有两处修改： 一是将监事会表决通过的比例由“经半数以上监事通过”修改为“经全体监事的过半数通过”，修改后的表述更加清晰、明确，不会有适用上的争议。 二是增加了第三款“监事会决议的表决，应当一人一票”的规定，与第七十三条第三款“董事会决议的表决，应当一人一票”的规定保持一致。
第八十二条 【费用承担】监事会行使职权所必需的费用，由公司承担。	**原《公司法》第五十六条** 监事会~~、不设监事会的公司的监事~~行使职权所必需的费用，由公司承担。	本条是关于监事会行使职权所需费用承担的规定，内容无实质性修改。
第八十三条 【不设监事会及监事的情形】规模较小或者股东人数较少的有限责任公司，可以不设监事会，设一名监事，**行使本法规定的监事会的职权；经全体股东一致同意，也可以不设监事**。	**原《公司法》第五十一条第一款** ~~有限责任公司设监事会，其成员不得少于三人。~~股东人数较少或者规模较小的有限责任公司，可以设一~~至二~~名监事，不设监事会。	本条是关于有限责任公司可以不设监事会及监事的规定。 本条规定不设监事会的监事“行使本法规定的监事会的职权”，具有统揽作用，避免在涉及有限责任公司监事会的其他条文处再重复规定“未设监事会的公司的监事……”的情形。 本条新增了经全体股东一致同意，也可以不设监事的规定，进一步提高了公司治理的灵活性。

第四章　有限责任公司的股权转让

新《公司法》	原《公司法》及相关规定	释义与修法解读
第八十四条　【股权转让】有限责任公司的股东之间可以相互转让其全部或者部分股权。 股东向股东以外的人转让股权的，**应当将股权转让的数量、价格、支付方式和期限等事项书面通知其他股东，其他股东在同等条件下有优先购买权。**股东自接到书面通知之日起三十日内未答复的，视为放弃优先购买权。两个以上股东行使优先购买权的，协商确定各自的购买比例；协商不成的，按照转让时各自的出资比例行使优先购买权。 公司章程对股权转让另有规定的，从其规定。	**原《公司法》第七十一条**　有限责任公司的股东之间可以相互转让其全部或者部分股权。 股东向股东以外的人转让股权，~~应当经其他股东过半数同意。~~股东应就其股权转让事项书面通知其他股东征求同意，其他股东自接到书面通知之日起满三十日未答复的，视为同意转让。其他股东半数以上不同意转让的，不同意的股东应当购买该转让的股权；不购买的，视为同意转让。 经股东同意转让的股权，在同等条件下，其他股东有优先购买权。两个以上股东主张行使优先购买权的，协商确定各自的购买比例；协商不成的，按照转让时各自的出资比例行使优先购买权。 公司章程对股权转让另有规定的，从其规定。	本条是关于有限责任公司股权转让的规定，相较原规定，主要有两处修改： 一是将原《公司法》关于向股东以外的人转让股权须征得其他股东同意及股东行使优先购买权两个步骤修改为其他股东享有优先购买权一个步骤，简化了股东向股东以外的人转让股权的程序规则，赋予了股东对外转让股权更大的自由。 二是本条吸收参考了《公司法解释四》第十八条规定，通过列举的方式，明确了对外股权转让的书面通知须载明股权转让的数量、价格、支付方式和期限等事项，对“同等条件”进行了明确的界定，能够更好地平衡股东之间及股东与股东以外的受让人之间的利益。

新《公司法》	原《公司法》及相关规定	释义与修法解读
	《公司法解释四》**第十八条** 人民法院在判断是否符合公司法第七十一条第三款及本规定所称的“同等条件”时，应当考虑转让股权的数量、价格、支付方式及期限等因素。	
第八十五条 【优先购买权】人民法院依照法律规定的强制执行程序转让股东的股权时，应当通知公司及全体股东，其他股东在同等条件下有优先购买权。其他股东自人民法院通知之日起满二十日不行使优先购买权的，视为放弃优先购买权。	**原《公司法》第七十二条** 人民法院依照法律规定的强制执行程序转让股东的股权时，应当通知公司及全体股东，其他股东在同等条件下有优先购买权。其他股东自人民法院通知之日起满二十日不行使优先购买权的，视为放弃优先购买权。	本条是关于强制执行程序下有限责任公司股东优先购买权的规定，条文内容无修改。
第八十六条 【股权转让的变更登记】股东转让股权的，应当书面通知公司，请求变更股东名册；需要办理变更登记的，并请求公司向公司登记机关办理变更登记。公司拒绝或者在合理期限内不予答复的，转让人、受让人可以依法向人民法院提起诉讼。	**原《公司法》第七十三条** 依照本法第七十一条、第七十二条转让股权后，公司应当注销原股东的出资证明书，向新股东签发出资证明书，并相应修改公司章程和股东名册中有关股东及其出资额的记载。对公司章程的该项修改不需再由股东会表决。	本条是关于股权转让后股东变更登记请求权的规定，属于新增条文。 第一款规定了股权转让后股东有权请求公司办理变更登记，同时也规定了公司的登记义务，并赋予了转让人和受让人通过司法途径寻求救济的权利。 第二款在原《公司法》第三十二条第二款的基础上，规定了受让人自记载于股东名册时起向公司主张行使股东权利，明确了

新《公司法》	原《公司法》及相关规定	释义与修法解读
股权转让的，受让人自记载于股东名册时起可以向公司主张行使股东权利。	**第三十二条第二款**　记载于股东名册的股东，可以依股东名册主张行使股东权利。	股权变动生效时点或者股东资格认定标准是受让人被记载于股东名册，工商登记产生的是对外的公示效力。
第八十七条　【股权转让的变更记载】 依照本法转让股权后，公司应当及时注销原股东的出资证明书，向新股东签发出资证明书，并相应修改公司章程和股东名册中有关股东及其出资额的记载。对公司章程的该项修改不需再由股东会表决。	**原《公司法》第七十三条**　依照本法第~~七十一条、第七十二条~~转让股权后，公司应当注销原股东的出资证明书，向新股东签发出资证明书，并相应修改公司章程和股东名册中有关股东及其出资额的记载。对公司章程的该项修改不需再由股东会表决。	本条是关于股权转让后公司变更记载相关程序的规定，内容无实质性修改。
第八十八条　【转让未届出资期限或瑕疵出资股权的责任承担】股东转让已认缴出资但未届出资期限的股权的，由受让人承担缴纳该出资的义务；受让人未按期足额缴纳出资的，转让人对受让人未按期缴纳的出资承担补充责任。 **未按照公司章程规定的出资日期缴纳出资或者作为出资的非货币财产的实际价额显著低于所认缴的出资额的股东转让股**	**《公司法解释三》第十八条第一款**　有限责任公司的股东未履行或者未全面履行出资义务即转让股权，受让人对此知道或者应当知道，公司请求该股东履行出资义务、受让人对此承担连带责任的，人民法院应予支持；公司债权人依照本规定第十三条第二款向该股东提起诉讼，同时请求前述受让人对此承担连带责任的，人民法院应予支持。	本条是关于未缴纳出资情况下即转让股权责任承担的规定，属于新增条文，为处理该类纠纷提供了明确的法律依据。 第一款规定了未届出资期限股权转让后的出资责任承担原则是由受让人承担缴纳该出资的义务，受让人未按期足额缴纳出资的，转让人对受让人未按期缴纳的出资承担补充责任。 第二款吸收借鉴《公司法解释三》第十八条第一款的规定，明确了转让瑕疵出资股权的责任承担问题，转让人与受让人在出资不足的范围内承担连带责任。受让人不知道且不应当知道存在上述情形的，由转让人承担责任。

新《公司法》	原《公司法》及相关规定	释义与修法解读
权的，转让人与受让人在出资不足的范围内承担连带责任；受让人不知道且不应当知道存在上述情形的，由转让人承担责任。		
第八十九条　【异议股东股权收购请求权】 有下列情形之一的，对股东会该项决议投反对票的股东可以请求公司按照合理的价格收购其股权： （一）公司连续五年不向股东分配利润，而公司该五年连续盈利，并且符合本法规定的分配利润条件； （二）公司合并、分立、转让主要财产； （三）公司章程规定的营业期限届满或者章程规定的其他解散事由出现，股东会通过决议修改章程使公司存续。 自股东会决议作出之日起六十日内，股东与公司不能达成股权收购协议的，股东可以自股东会决议作出之日起九十日内向人民法院提起诉讼。	**原《公司法》第七十四条**　有下列情形之一的，对股东会该项决议投反对票的股东可以请求公司按照合理的价格收购其股权： （一）公司连续五年不向股东分配利润，而公司该五年连续盈利，并且符合本法规定的分配利润条件的； （二）公司合并、分立、转让主要财产的； （三）公司章程规定的营业期限届满或者章程规定的其他解散事由出现，股东会会议通过决议修改章程使公司存续的。 自股东会会议决议通过之日起六十日内，股东与公司不能达成股权收购协议的，股东可以自股东会会议决议通过之日起九十日内向人民法院提起诉讼。	本条是关于有限责任公司异议股东股权收购请求权的规定，第三款、第四款为新增规定。 第三款规定了公司的控股股东滥用股东权利，严重损害公司或者其他股东利益的，其他股东有权请求公司按照合理的价格收购其股权，有利于保护中小股东的合法权益。 第四款规定了公司对收购股权的六个月持有期限，有利于更好地实现资本维持原则。

新《公司法》	原《公司法》及相关规定	释义与修法解读
公司的控股股东滥用股东权利，严重损害公司或者其他股东利益的，其他股东有权请求公司按照合理的价格收购其股权。 **公司因本条第一款、第三款规定的情形收购的本公司股权，应当在六个月内依法转让或者注销。**		
第九十条　【股东资格的继承】自然人股东死亡后，其合法继承人可以继承股东资格；但是，公司章程另有规定的除外。	**原《公司法》第七十五条**　自然人股东死亡后，其合法继承人可以继承股东资格；但是，公司章程另有规定的除外。	本条是关于有限责任公司股东资格继承的规定，内容无修改。

第五章　股份有限公司的设立和组织机构

新《公司法》	原《公司法》及相关规定	释义与修法解读
第一节　设　立		
第九十一条　【股份有限公司的设立方式】 设立股份有限公司，可以采取发起设立或者募集设立的方式。 发起设立，是指由发起人认购**设立公司时**应发行的全部股份而设立公司。 募集设立，是指由发起人认购**设立公司时**应发行股份的一部分，其余股份向特定对象募集或者向社会公开募集而设立公司。	**原《公司法》第七十七条**　股份有限公司的设立，可以采取发起设立或者募集设立的方式。 发起设立，是指由发起人认购公司应发行的全部股份而设立公司。 募集设立，是指由发起人认购公司应发行股份的一部分，其余股份向社会公开募集或者向特定对象募集而设立公司。	本条是关于股份有限公司设立方式的规定。 相较原规定，增加了“设立公司时”这一时间要求，其他内容无修改。
第九十二条　【发起人的限制】 设立股份有限公司，应当有**一人**以上二百人以下为发起人，其中**应当**有半数以上的发起人在**中华人民共和国**境内有住所。	**原《公司法》第七十八条**　设立股份有限公司，应当有二人以上二百人以下为发起人，其中须有半数以上的发起人在中国境内有住所。	本条是关于股份有限公司发起人数量的规定，是本次《公司法》修订的一大亮点。 相较原规定，本条规定发起人可以是一人，不再要求发起人为二人以上，即允许设立一人股份有限公司。
第九十三条　【发起人的义务】 股份有限公司发起人承担公	**原《公司法》第七十九条**　股份有限公司发起人承担公司筹办事务。	本条是关于股份有限公司发起人义务的规定，内容无修改。

新《公司法》	原《公司法》及相关规定	释义与修法解读
司筹办事务。 发起人应当签订发起人协议，明确各自在公司设立过程中的权利和义务。	发起人应当签订发起人协议，明确各自在公司设立过程中的权利和义务。	
第九十四条　【公司章程制定】设立股份有限公司，应当由发起人共同制订公司章程。	**原《公司法》第七十六条**　设立股份有限公司，应当具备下列条件： …… （四）发起人制订公司章程，采用募集方式设立的经创立大会通过； ……	本条是关于发起人制订公司章程的规定，属于新增条文。 本条明确了股份有限公司章程的制订主体为发起人，内容来源于原《公司法》第七十六条第四项规定。
第九十五条　【公司章程内容】股份有限公司章程应当载明下列事项： （一）公司名称和住所； （二）公司经营范围； （三）公司设立方式； （四）公司注册资本、**已发行的股份数和设立时发行的股份数，面额股的**每股金额； **（五）发行类别股的，每一类别股的股份数及其权利和义务；** （六）发起人的姓	**原《公司法》第八十一条**　股份有限公司章程应当载明下列事项： （一）公司名称和住所； （二）公司经营范围； （三）公司设立方式； （四）公司股份总数、每股金额~~和注册资本；~~ （五）发起人的姓名或者名称、认购的股份数、出资方式~~和出资时间~~； （六）董事会的组成、	本条是关于股份有限公司章程应载明事项的规定，相较原规定，有较大的变化。 第一，股份有限公司须实缴股款，因此，不再将“出资时间”作为股份有限公司章程应载明的事项。 第二，区分了已发行的股份数和公司设立时发行的股份数，规定二者均应记载于公司章程。本条明确规定发行面额股的，应载明面额股的每股金额。 第三，本次《公司法》修订确立了股份有限公司类别股制度，按照本条规定，对发行类别股的，章程应进行记载，并载明每一类别股的股份数及其权利和义务。 第四，与《公司法》第四十六

新《公司法》	原《公司法》及相关规定	释义与修法解读
名或者名称、认购的股份数、出资方式； （七）董事会的组成、职权和议事规则； （八）公司法定代表人**的产生、变更办法**； （九）监事会的组成、职权和议事规则； （十）公司利润分配办法； （十一）公司的解散事由与清算办法； （十二）公司的通知和公告办法； （十三）股东会认为需要规定的其他事项。	职权和议事规则； （七）公司法定代表人； （八）监事会的组成、职权和议事规则； （九）公司利润分配办法； （十）公司的解散事由与清算办法； （十一）公司的通知和公告办法； （十二）股东~~大会会~~议认为需要规定的其他事项。	条规定的有限责任公司章程记载事项变化类似，将原来的“公司法定代表人”修改为“法定代表人的产生、变更办法”。
第九十六条　【注册资本】股份有限公司的注册资本为在公司登记机关登记的**已发行股份**的股本总额。在发起人认购的股份缴足前，不得向他人募集股份。 法律、行政法规以及国务院决定对股份有限公司注册资本最低限额另有规定的，从其规定。	**原《公司法》第八十条**　股份有限公司~~采取发起设立方式设立的，~~注册资本为在公司登记机关登记的全体发起人认购的股本总额。在发起人认购的股份缴足前，不得向他人募集股份。 ~~股份有限公司采取募集方式设立的，注册资本为在公司登记机关登记的实收股本总额。~~	本条是关于股份有限公司注册资本的规定。 相较原规定，新法不再依据发起设立、募集设立方式而分别规定注册资本，而是统一规定股份有限公司的注册资本为在公司登记机关登记的已发行股份的股本总额。

新《公司法》	原《公司法》及相关规定	释义与修法解读
	法律、行政法规以及国务院决定对股份有限公司~~注册资本实缴、~~注册资本最低限额另有规定的，从其规定。	
第九十七条　【股份认购】以发起设立方式设立股份有限公司的，发起人应当认足公司章程规定的**公司设立时应发行**的股份。 以募集设立方式设立股份有限公司的，发起人认购的股份不得少于公司章程规定的**公司设立时应发行**股份总数的百分之三十五；但是，法律、行政法规另有规定的，从其规定。	**原《公司法》第八十三条第一款**　以发起设立方式设立股份有限公司的，发起人应当~~书面~~认足公司章程规定其认购的股份~~，并按照公司章程规定缴纳出资。以非货币财产出资的，应当依法办理其财产权的转移手续。~~ **第八十四条**　以募集设立方式设立股份有限公司的，发起人认购的股份不得少于公司股份总数的百分之三十五；但是，法律、行政法规另有规定的，从其规定。	本条是关于股份有限公司设立时发起人认购股份要求的规定，相较原规定，此次修改将认购的范围修订为“公司设立时应发行”的股份，其他内容无实质性修改。
第九十八条　【发起人的出资】发起人应当**在公司成立前按照其认购的股份全额缴纳股款**。 发起人的出资，适用本法第四十八条、第四十九条第二款关于有限责任公司股东出资的规定。	**原《公司法》第八十三条第一款**　以发起设立方式设立股份有限公司的，发起人应当书面认足公司章程规定其认购的股份，并按照公司章程规定缴纳出资。以非货币财产出资的，应当依法办理其财产权的转移手续。	本条是关于发起人应足额缴纳股款及出资方式的规定。 第一款新增发起人应当“在公司成立前”全额缴纳股款的规定，明确了股份有限公司发起人应当在公司成立前全额实缴股款。 第二款规定了股份有限公司发起人的出资方式，即适用有限责任公司出资的规定。

新《公司法》	原《公司法》及相关规定	释义与修法解读
	第八十二条 发起人的出资方式，适用本法第二十七条的规定。	
第九十九条 【其他发起人的连带责任】发起人不按照其认购的股份缴纳股款，**或者作为出资的非货币财产的实际价额显著低于所认购的股份的**，其他发起人与该发起人在出资不足的范围内承担连带责任。	**《公司法解释三》第十三条第三款** 股东在公司设立时未履行或者未全面履行出资义务，依照本条第一款或者第二款提起诉讼的原告，请求公司的发起人与被告股东承担连带责任的，人民法院应予支持；公司的发起人承担责任后，可以向被告股东追偿。	本条是关于股份公司发起人未缴纳出资或者瑕疵出资时，其他发起人与该发起人在出资不足范围内承担连带责任的规定，为新增条款。 相较原规定，本条有如下变化： 本条吸收借鉴了《公司法解释三》第十三条第三款的规定，包含以下内容： 一是将原规定“不依照前款规定缴纳出资”出资不足明确为“不按照其认购的股份缴纳股款或者作为出资的非货币财产的实际价额显著低于所认购的股份”的具体情形。 二是明确其他发起人与该发起人在出资不足的范围内承担连带责任。承担违约责任的对象是“其他发起人”。
第一百条 【募集股份的公告和认股书】发起人向社会公开募集股份，**应当**公告招股说明书，并制作认股书。认股书应当载明本法第一百五十四条第二款、第三款所列事项，由认股人填写认购的股份数、金额、住所，并签名**或者**盖章。	**原《公司法》第八十五条** 发起人向社会公开募集股份，<u>必须</u>公告招股说明书，并制作认股书。认股书应当载明本法第八十六条所列事项，由认股人填写认购股数、金额、住所，并签名、盖章。认股人按照所认购股数缴纳股款。	本条是关于募集股份的公告和认股书的规定，条文内容无实质性修改。

新《公司法》	原《公司法》及相关规定	释义与修法解读
认股人**应当**按照所认购股份**足额**缴纳股款。		
第一百零一条 【验资】向社会公开募集股份的股款缴足后，**应当**经依法设立的验资机构验资并出具证明。	**原《公司法》第八十九条第一款** 发行股份的股款缴足后，必须经依法设立的验资机构验资并出具证明。发起人应当自股款缴足之日起三十日内主持召开公司创立大会。创立大会由发起人、认股人组成。	本条是关于募集设立的股份有限公司的股款验资的规定，条文内容无实质性修改。
第一百零二条 【股东名册】股份有限公司应当制作股东名册并置备于公司。股东名册应当记载下列事项： （一）股东的姓名或者名称及住所； （二）各股东所认购的股份种类及股份数； （三）**发行纸面形式的股票的，**股票的编号； （四）各股东取得股份的日期。	**原《公司法》第一百三十条** ~~公司发行记名股票的，~~应当置备股东名册，记载下列事项： （一）股东的姓名或者名称及住所； （二）各股东所持股份数； （三）各股东所持股票的编号； （四）各股东取得股份的日期。 ~~发行无记名股票的，公司应当记载其股票数量、编号及发行日期。~~	本条是关于股东名册信息记载事项的规定。 相较原规定，删除了无记名股票的相关规定，这是因为此次《公司法》修订取消了公司可以发行无记名股票的规定（详见《公司法》第一百四十七条第二款）；明确了只有用纸面形式发行的股票需要记载股票的编号。
第一百零三条 【成立大会】募集设立股份有限公司的发起人应当自**公司设立时应发行股份的**股款缴足	**原《公司法》第八十九条第一款** 发行股份的股款缴足后，必须经依法设立的验资机构验资并出具证明。发	本条是关于股份有限公司成立大会的规定，相较原规定，有如下变化： 第一，将“创立大会”改为“成立大会”。

新《公司法》	原《公司法》及相关规定	释义与修法解读
之日起三十日内召开公司**成立**大会。发起人应当在成立大会召开十五日前将会议日期通知各认股人或者予以公告。成立大会应当有**持有表决权过半数的认股人**出席，方可举行。 **以发起设立方式设立股份有限公司成立大会的召开和表决程序由公司章程或者发起人协议规定。**	起人应当自股款缴足之日起三十日内主持召开公司创立大会。创立大会由发起人、认股人组成。 **第九十条第一款** 发起人应当在创立大会召开十五日前将会议日期通知各认股人或者予以公告。创立大会应有代表股份总数过半数的发起人、认股人出席，方可举行。	第二，将募集设立股权有限公司成立大会的出席人员明确为持有表决权过半数的发起人。 第三，新增第二款规定，明确以发起设立方式设立股份有限公司成立大会的召开和表决程序由公司章程或者发起人协议规定。
第一百零四条 【成立大会职权】公司成立大会行使下列职权： （一）审议发起人关于公司筹办情况的报告； （二）通过公司章程； （三）选举董事、监事； （四）对公司的设立费用进行审核； （五）对发起人非货币财产出资的作价进行审核； （六）发生不可抗力或者经营条件发生重大变化直接影响公司设立的，可以作出不	**原《公司法》第九十条第二款** 创立大会行使下列职权： （一）审议发起人关于公司筹办情况的报告； （二）通过公司章程； （三）选举董事~~会成~~员； （四）选举监事~~会成~~员； （五）对公司的设立费用进行审核； （六）对发起人用于抵作股款的财产的作价进行审核； （七）发生不可抗力或者经营条件发生重大变化直接影响公司设立	本条是关于公司成立大会职权的规定，条文内容无实质性修改。

新《公司法》	原《公司法》及相关规定	释义与修法解读
设立公司的决议。 **成立**大会对前款所列事项作出决议，应当经出席会议的认股人所持表决权过半数通过。	的，可以作出不设立公司的决议。 **第三款**　~~创立~~大会对前款所列事项作出决议，必须经出席会议的认股人所持表决权过半数通过。	
第一百零五条　【股款返还及不得任意抽回股本】公司设立时应发行的股份未募足，或者发行股份的股款缴足后，发起人在三十日内未召开**成立**大会的，认股人可以按照所缴股款并加算银行同期存款利息，要求发起人返还。 发起人、认股人缴纳股款或者交付非货币财产出资后，除未按期募足股份、发起人未按期召开**成立**大会或者**成立**大会决议不设立公司的情形外，不得抽回其股本。	**原《公司法》第八十九条第二款**　发行的股份~~超过招股说明书规定的截止期限尚~~未募足的，或者发行股份的股款缴足后，发起人在三十日内未召开创立大会的，认股人可以按照所缴股款并加算银行同期存款利息，要求发起人返还。 **第九十一条**　发起人、认股人缴纳股款或者交付抵作股款的出资后，除未按期募足股份、发起人未按期召开创立大会或者创立大会决议不设立公司的情形外，不得抽回其股本。	本条是关于发行的股份逾期未募足或者未召开成立大会时应当依法返还认股人所缴股款以及发起人、认股人不得擅自抽回其股本的规定，条文内容无实质性修改。
第一百零六条　【申请设立登记】董事会**应当授权代表，**于公司**成立**大会结束后三十日内向公司登记机关申请设立登记。	**原《公司法》第九十二条第一款**　董事会应于创立大会结束后三十日内，向公司登记机关报送下列文件，申请设立登记： ……	本条是关于由董事会负责申请设立登记的规定，相较原规定，此次修改增加了“应当授权代表”的规定，其他内容无实质性修订。

新《公司法》	原《公司法》及相关规定	释义与修法解读
第一百零七条 【有限责任公司相关规定的准用】本法第四十四条、第四十九条第三款、第五十一条、第五十二条、第五十三条的规定，适用于股份有限公司。		本条是新增条文，明确了有限责任公司设立时的责任承担、股东出资的缴纳、董事会核查、催缴出资、股东失权、股东抽逃出资的责任等的规定，适用于股份有限公司。
第一百零八条 【公司性质的变更】有限责任公司变更为股份有限公司时，折合的实收股本总额不得高于公司净资产额。有限责任公司变更为股份有限公司，为增加注册资本公开发行股份时，应当依法办理。	**原《公司法》第九十五条** 有限责任公司变更为股份有限公司时，折合的实收股本总额不得高于公司净资产额。有限责任公司变更为股份有限公司，为增加资本公开发行股份时，应当依法办理。	本条是关于有限责任公司变更为股份有限公司的资产额要求及募股要求的规定，条文内容无实质性修改。
第一百零九条 【重要资料的置备】股份有限公司应当将公司章程、股东名册、股东会会议记录、董事会会议记录、监事会会议记录、财务会计报告、债券持有人名册置备于本公司。	**原《公司法》第九十六条** 股份有限公司应当将公司章程、股东名册、~~公司债券存根~~、股东大会会议记录、董事会会议记录、监事会会议记录、财务会计报告置备于本公司。	本条是关于股份有限公司重要文件资料置备的规定，相较原规定，将“公司债券存根”修改为“债券持有人名册”，其他内容无修改。
第一百一十条 【股东的查阅、复制、建议和质询权】股东有权查阅、**复制**公司章程、股东名册、股东会会议记录、董事会会议	**原《公司法》第九十七条** 股东有权查阅公司章程、股东名册、~~公司债券存根~~、股东大会会议记录、董事会会议决议、监事会会议决	本条是关于股份有限公司股东的查阅、复制、建议和质询权的规定。 相较原规定，第一款新增了股东有权“复制”公司相关资料的规定，扩大了股份有限公司股份知情

新《公司法》	原《公司法》及相关规定	释义与修法解读
决议、监事会会议决议、财务会计报告，对公司的经营提出建议或者质询。 **连续一百八十日以上单独或者合计持有公司百分之三以上股份的股东要求查阅公司的会计账簿、会计凭证的，适用本法第五十七条第二款、第三款、第四款的规定。公司章程对持股比例有较低规定的，从其规定。** **股东要求查阅、复制公司全资子公司相关材料的，适用前两款的规定。** **上市公司股东查阅、复制相关材料的，应当遵守《中华人民共和国证券法》等法律、行政法规的规定。**	议、财务会计报告，对公司的经营提出建议或者质询。	权的范畴。 本条第二款、第三款、第四款是新增条款。 第二款明确了符合一定持股比例的股份有限公司的股东，适用第五十七条第二款、第三款、第四款有关有限责任公司股东查阅公司的会计账簿、会计凭证的规定，对公司的会计账簿、会计凭证可行使查阅权。 该款同时规定"公司章程对前款规定的持股比例有较低规定的，从其规定"，赋予公司自治权。 根据该规定，如果股份有限公司章程规定的持股比例要求高于第二款的规定，不发生法律效力。 第三款规定了股东对全资子公司相关材料的查阅、复制权，与有限责任公司的规定保持一致，进一步完善了股东知情权制度，有利于更好地保障中小股东知情权。 第四款规定了上市公司股东查阅、复制相关材料需同时遵守证券法等法律、行政法规的规定的限制性条件，不得违背信息披露的平等原则、公平原则等规定，进一步完善了股份有限公司股东知情权制度。

新《公司法》	原《公司法》及相关规定	释义与修法解读
第二节　股东会		
第一百一十一条　【股东会的组成与地位】股份有限公司股东会由全体股东组成。股东会是公司的权力机构，依照本法行使职权。	**原《公司法》第九十八条**　股份有限公司股东大会由全体股东组成。股东大会是公司的权力机构，依照本法行使职权。	本条是关于股份有限公司股东会的组成与地位的规定。 本次《公司法》修订将“股东大会”和“股东会”统称为“股东会”，除了名称的变化，本条内容无实质性修改。
第一百一十二条　【股东会的职权】本法第**五十九条第一款、第二款**关于有限责任公司股东会职权的规定，适用于股份有限公司股东会。 **本法第六十条关于只有一个股东的有限责任公司不设股东会的规定，适用于只有一个股东的股份有限公司。**	**原《公司法》第九十九条**　本法第三十七条第一款关于有限责任公司股东会职权的规定，适用于股份有限公司股东大会。	本条是关于股份有限公司股东会的职权的规定。 除了第五十九条第三款关于有限责任公司可以不召开股东会会议直接作出决定的规定外，其他有限责任公司股东会职权的规定均适用股份有限公司股东会的职权。 本条第二款为新增内容，与只有一个股东的有限责任公司不设股东会的规定保持一致。
第一百一十三条　【年会和临时会】股东会应当每年召开一次年会。有下列情形之一的，应当在两个月内召开临时股东会**会议**： （一）董事人数不足本法规定人数或者公司章程所定人数的三分之二时； （二）公司未弥补	**原《公司法》第一百条**　股东大会应当每年召开一次年会。有下列情形之一的，应当在两个月内召开临时股东大会： （一）董事人数不足本法规定人数或者公司章程所定人数的三分之二时； （二）公司未弥补的亏损达实收股本总额三	本条是关于股份有限公司股东会年会和临时会议的规定，内容无实质性修改。

新《公司法》	原《公司法》及相关规定	释义与修法解读
的亏损达股本总额三分之一时； （三）单独或者合计持有公司百分之十以上股份的股东请求时； （四）董事会认为必要时； （五）监事会提议召开时； （六）公司章程规定的其他情形。	分之一时； （三）单独或者合计持有公司百分之十以上股份的股东请求时； （四）董事会认为必要时； （五）监事会提议召开时； （六）公司章程规定的其他情形。	
第一百一十四条　【股东会会议的召集与主持】股东会会议由董事会召集，董事长主持；董事长不能履行职务或者不履行职务的，由副董事长主持；副董事长不能履行职务或者不履行职务的，由过半数的董事共同推举一名董事主持。 董事会不能履行或者不履行召集股东会会议职责的，监事会应当及时召集和主持；监事会不召集和主持的，连续九十日以上单独或者合计持有公司百分之十以上股份的股东可以自行召集和主持。	**原《公司法》第一百零一条**　股东大会会议由董事会召集，董事长主持；董事长不能履行职务或者不履行职务的，由副董事长主持；副董事长不能履行职务或者不履行职务的，由半数以上董事共同推举一名董事主持。 董事会不能履行或者不履行召集股东大会会议职责的，监事会应当及时召集和主持；监事会不召集和主持的，连续九十日以上单独或者合计持有公司百分之十以上股份的股东可以自行召集和主持。	本条是关于股份有限公司股东会会议的召集与主持的规定，第一款、第二款内容无实质性修改，第三款为新增条款。 根据第三款规定，董事会、监事会在收到股东提议召开临时股东会会议的请求时，应当收到请求之日起十日内作出是否召开临时股东会会议的决定，并书面答复股东。以在程序上确保股东能够及时自行召集、召开临时股东会会议。

新《公司法》	原《公司法》及相关规定	释义与修法解读
单独或者合计持有公司百分之十以上股份的股东请求召开临时股东会会议的，董事会、监事会应当在收到请求之日起十日内作出是否召开临时股东会会议的决定，并书面答复股东。		
第一百一十五条　【股东会会议】召开股东会会议，应当将会议召开的时间、地点和审议的事项于会议召开二十日前通知各股东；临时股东会会议应当于会议召开十五日前通知各股东。 单独或者合计持有公司**百分之一**以上股份的股东，可以在股东会会议召开十日前提出临时提案并书面提交董事会。临时提案应当有明确议题和具体决议事项。董事会应当在收到提案后二日内通知其他股东，并将该临时提案提交股东会审议；**但临时提案违反法律、行政法规或者公司章程的规定，**或者不属于股东会职权	**原《公司法》第一百零二条**　召开股东~~大~~会会议，应当将会议召开的时间、地点和审议的事项于会议召开二十日前通知各股东；临时股东~~大~~会应当于会议召开十五日前通知各股东~~；发行无记名股票的，应当于会议召开三十日前公告会议召开的时间、地点和审议事项。~~ 单独或者合计持有公司~~百分之三~~以上股份的股东，可以在股东大会召开十日前提出临时提案并书面提交董事会；董事会应当在收到提案后二日内通知其他股东，并将该临时提案提交股东大会审议。临时提案的内容应当属于股东大会职权范围，并	本条是关于股份有限公司股东会会议的通知、公告以及临时股东会及临时提案的规定。 相较原规定，此次修改有以下变化： 第一，删除了原规定中关于发行无记名股票股东会会议，以及无记名股票持有人出席股东会会议应将股票交存于公司的规定。 第二，将有权提出临时提案股东的持股比例由百分之三修改为百分之一，且明确公司不得提高持股比例要求。 第三，明确董事会对提案形式审查权利，除非提案违反法律、行政法规或公司章程规定的不属于股东会职权外，都应列入股东会审议。 第四，增加规定公开发行股份的公司应当以公告的方式通知股东会会议及临时提案的相关内容。 值得注意的是，《公司法修订草案三》关于选举、解任董事、监事以及修改公司章程、增加或者

新《公司法》	原《公司法》及相关规定	释义与修法解读
范围的除外。**公司不得提高提出临时提案股东的持股比例。** **公开发行股份的公司，应当以公告方式作出前两款规定的通知。** 股东会不得对通知中未列明的事项作出决议。	有明确议题和具体决议事项。 股东大会不得对前两款通知中未列明的事项作出决议。 ~~无记名股票持有人出席股东大会会议的，应当于会议召开五日前至股东大会闭会时将股票交存于公司。~~	减少注册资本的决议，以及公司合并、分立、解散或者变更公司形式的事项，不得以临时提案提出的规定被删除，这也意味着上述事项可以以临时提案提出。
第一百一十六条　【股东表决权】股东出席股东会会议，所持每一股份有一表决权，**类别股股东除外**。公司持有的本公司股份没有表决权。 股东会作出决议，**应当**经出席会议的股东所持表决权过半数通过。 股东会作出修改公司章程、增加或者减少注册资本的决议，以及公司合并、分立、解散或者变更公司形式的决议，**应当**经出席会议的股东所持表决权的三分之二以上通过。	**原《公司法》第一百零三条**　股东出席股东大会会议，所持每一股份有一表决权。~~但是，~~公司持有的本公司股份没有表决权。 股东大会作出决议，必须经出席会议的股东所持表决权过半数通过。但是，股东大会作出修改公司章程、增加或者减少注册资本的决议，以及公司合并、分立、解散或者变更公司形式的决议，~~必须~~经出席会议的股东所持表决权的三分之二以上通过。	本条是关于股份有限公司股东会会议股东表决权的规定，增加了类别股股东是“每一股份有一表决权”例外的规定，其他内容无实质性修改。

新《公司法》	原《公司法》及相关规定	释义与修法解读
第一百一十七条　【累积投票制】股东会选举董事、监事，可以**按照**公司章程的规定或者股东会的决议，实行累积投票制。 本法所称累积投票制，是指股东会选举董事或者监事时，每一股份拥有与应选董事或者监事人数相同的表决权，股东拥有的表决权可以集中使用。	**原《公司法》第一百零五条**　股东大会选举董事、监事，可以依照公司章程的规定或者股东大会的决议，实行累积投票制。 本法所称累积投票制，是指股东大会选举董事或者监事时，每一股份拥有与应选董事或者监事人数相同的表决权，股东拥有的表决权可以集中使用。	本条是关于股份有限公司股东会选举董事、监事可以实行的累积投票制及累积投票制定义的规定，内容无实质性修改。
第一百一十八条　【出席股东会的代理】股东委托代理人出席股东会会议的，**应当明确代理人代理的事项、权限和期限**；代理人应当向公司提交股东授权委托书，并在授权范围内行使表决权。	**原《公司法》第一百零六条**　股东可以委托代理人出席股东大会会议，代理人应当向公司提交股东授权委托书，并在授权范围内行使表决权。	本条是关于股东委托代理人出席股东会行使表决权的规定，增加规定了股东委托代理人出席股东会会议的，应当明确代理人代理的事项、权限和期限。
第一百一十九条　【股东会会议记录】股东会应当对所议事项的决定作成会议记录，主持人、出席会议的董事应当在会议记录上签名。会议记录应当与出席股东的签名册及代理出席的委托书一并保存。	**原《公司法》第一百零七条**　股东大会应当对所议事项的决定作成会议记录，主持人、出席会议的董事应当在会议记录上签名。会议记录应当与出席股东的签名册及代理出席的委托书一并保存。	本条是关于股份有限公司股东会会议记录要求及保存的规定，内容无实质性修改。

新《公司法》	原《公司法》及相关规定	释义与修法解读
第三节　董事会、经理		
第一百二十条 【董事会组成、任期、职权及董事的解任】股份有限公司设董事会，**本法第一百二十八条另有规定的除外**。 本法第六十七条、第六十八条第一款、第七十条、第七十一条的规定，适用于股份有限公司。	**原《公司法》第一百零八条**　股份有限公司设董事会，~~其成员为五人至十九人~~。 董事会成员中可以有公司职工代表。董事会中的职工代表由公司职工通过职工代表大会、职工大会或者其他形式民主选举产生。 本法第四十五条关于有限责任公司董事任期的规定，适用于股份有限公司董事。 本法第四十六条关于有限责任公司董事会职权的规定，适用于股份有限公司董事会。	本条是关于股份有限公司董事会组成、任期及职权的规定，规定了股份有限公司董事会在组成、职权、职工代表，董事任期、辞职和解任以及可以不设董事会等方面与有限公司保持一致。 相较原规定，此次修改主要有两点变化： 第一，确定股份有限公司董事会成员为三人以上，取消了董事会最多十九人的人数限制。 第二，允许规模较小或者股东人数较少的股份有限公司，可以不设董事会，设一名董事，行使《公司法》规定的董事会的职权。
第一百二十一条 【审计委员会】股份有限公司可以按照公司章程的规定在董事会中设置由董事组成的审计委员会，行使本法规定的监事会的职权，不设监事会或者监事。 **审计委员会成员为三名以上，过半数成员不得在公司担任除董事以外的其他职务，**		本条是关于股份有限公司设立审计委员会的规定，为新增条文，也是本次《公司法》修订的亮点之一。 本条规定的审计委员会包含以下内容： 第一，本条规定属于任意性条款，公司可以选择设立审计委员会行使监事会的职权，也可以选择设监事会或者监事行使监事会的职权。 第二，审计委员会属于董事会中的专门委员会，由董事组成，

新《公司法》	原《公司法》及相关规定	释义与修法解读
且不得与公司存在任何可能影响其独立客观判断的关系。公司董事会成员中的职工代表可以成为审计委员会成员。 **审计委员会作出决议，应当经审计委员会成员的过半数通过。** **审计委员会决议的表决，应当一人一票。** **审计委员会的议事方式和表决程序，除本法有规定的外，由公司章程规定。** **公司可以按照公司章程的规定在董事会中设置其他委员会。**		行使本法规定的监事会的职权。同时，考虑到审计委员会是一项新制度，对其成员的组成有必要保持适当的灵活性和包容性，本条规定了公司董事会成员中的职工代表可以成为审计委员会成员，与有限责任公司的规定保持一致。 第三，审计委员会成员为三名以上，过半数成员需同时满足两个条件，一是不得在公司担任除董事以外的其他职务；二是不得与公司存在任何可能影响其独立客观判断的关系。 第四，审计委员会作出决议，应当经审计委员会成员的过半数通过；审计委员会决议的表决，实行一人一票。与公司法规定的董事会的议事方式和表决程序基本一致。明确审计委员会的议事方式和表决程序，能保障其有效发挥监督作用。
第一百二十二条 【董事长的产生及职权】董事会设董事长一人，可以设副董事长。董事长和副董事长由董事会以全体董事的过半数选举产生。 董事长召集和主持董事会会议，检查董事会决议的实施情况。	**原《公司法》第一百零九条** 董事会设董事长一人，可以设副董事长。董事长和副董事长由董事会以全体董事的过半数选举产生。 董事长召集和主持董事会会议，检查董事会决议的实施情况。副董事长协助董事长工	本条是关于股份有限公司董事长的产生及职权的规定，条文内容无修改。

新《公司法》	原《公司法》及相关规定	释义与修法解读
副董事长协助董事长工作，董事长不能履行职务或者不履行职务的，由副董事长履行职务；副董事长不能履行职务或者不履行职务的，由过半数的董事共同推举一名董事履行职务。	作，董事长不能履行职务或者不履行职务的，由副董事长履行职务；副董事长不能履行职务或者不履行职务的，由半数以上董事共同推举一名董事履行职务。	
第一百二十三条　【董事会会议的召集】董事会每年度至少召开两次会议，每次会议应当于会议召开十日前通知全体董事和监事。 代表十分之一以上表决权的股东、三分之一以上董事或者监事会，可以提议召开临时董事会会议。董事长应当自接到提议后十日内，召集和主持董事会会议。 董事会召开临时会议，可以另定召集董事会的通知方式和通知时限。	**原《公司法》第一百一十条**　董事会每年度至少召开两次会议，每次会议应当于会议召开十日前通知全体董事和监事。 代表十分之一以上表决权的股东、三分之一以上董事或者监事会，可以提议召开董事会临时会议。董事长应当自接到提议后十日内，召集和主持董事会会议。 董事会召开临时会议，可以另定召集董事会的通知方式和通知时限。	本条是关于股份有限公司董事会会议类型、通知、召集和主持的规定，条文内容无修改。
第一百二十四条　【董事会会议的议事规则】董事会会议应当有过半数的董事出席方可举行。董事会	**原《公司法》第一百一十一条**　董事会会议应有过半数的董事出席方可举行。董事会作出决议，必须经全体董事	本条是关于股份有限公司董事会会议召开要求、决议效力、董事会表决及董事会会议记录的规定，条文内容无实质性修改。

新《公司法》	原《公司法》及相关规定	释义与修法解读
作出决议，应当经全体董事的过半数通过。 董事会决议的表决，应当一人一票。 董事会应当对所议事项的决定作成会议记录，出席会议的董事应当在会议记录上签名。	的过半数通过。 董事会决议的表决，实行一人一票。 **第一百一十二条第二款** 董事会应当对会议所议事项的决定作成会议记录，出席会议的董事应当在会议记录上签名。	
第一百二十五条 【董事会会议的出席及责任承担】董事会会议，应当由董事本人出席；董事因故不能出席，可以书面委托其他董事代为出席，委托书应当载明授权范围。 董事应当对董事会的决议承担责任。董事会的决议违反法律、行政法规或者公司章程、股东会决议，给公司造成严重损失的，参与决议的董事对公司负赔偿责任；经证明在表决时曾表明异议并记载于会议记录的，该董事可以免除责任。	**原《公司法》第一百一十二条** 董事会会议，应由董事本人出席；董事因故不能出席，可以书面委托其他董事代为出席，委托书中应载明授权范围。 董事会应当对会议所议事项的决定作成会议记录，出席会议的董事应当在会议记录上签名。 董事应当对董事会的决议承担责任。董事会的决议违反法律、行政法规或者公司章程、股东大会决议，致使公司遭受严重损失的，参与决议的董事对公司负赔偿责任。但经证明在表决时曾表明异议并记载于会议记录的，该董事可以免除责任。	本条是关于董事会会议的出席及责任承担的规定，原规定第二款关于董事会会议记录的内容调整至第一百二十四条，其他内容无实质性修改。

新《公司法》	原《公司法》及相关规定	释义与修法解读
第一百二十六条　【经理的设立与职权】股份有限公司设经理，由董事会决定聘任或者解聘。 **经理对董事会负责，根据公司章程的规定或者董事会的授权行使职权。经理列席董事会会议。**	**原《公司法》第一百一十三条**　股份有限公司设经理，由董事会决定聘任或者解聘。 ~~本法第四十九条关于有限责任公司经理职权的规定，适用于股份有限公司经理。~~	本条是关于股份有限公司经理的设立与职权的规定，第二款为新增条款。 相较原规定，本条不再明确经理的具体职权，而是规定由章程规定或者董事会授权行使。
第一百二十七条　【董事兼任经理】公司董事会可以决定由董事会成员兼任经理。	**原《公司法》第一百一十四条**　公司董事会可以决定由董事会成员兼任经理。	本条是关于董事兼任经理的规定，条文内容无变化。
第一百二十八条　【不设董事会的情形】规模较小或者股东人数较少的股份有限公司，可以不设董事会，设一名董事，行使本法规定的董事会的职权。该董事可以兼任公司经理。		本条为新增条款。 本条规定规模较小或者股东人数较少的股份有限公司，可以不设董事会，设一名董事行使董事会的职权，该董事可以兼任公司经理。与有限责任公司的相关规定保持一致。
第一百二十九条　【高管人员的报酬披露】公司应当定期向股东披露董事、监事、高级管理人员从公司获得报酬的情况。	**原《公司法》第一百一十六条**　公司应当定期向股东披露董事、监事、高级管理人员从公司获得报酬的情况。	本条是关于股份有限公司应向股东披露董事、监事、高级管理人员从公司获得报酬情况的规定，条文内容无修改。

新《公司法》	原《公司法》及相关规定	释义与修法解读
第四节　监事会		
第一百三十条　【监事会的组成及任期】股份有限公司设监事会，**本法第一百二十一条第一款、第一百三十三条另有规定的除外。** 监事会成员为三**人以上**。监事会成员应当包括股东代表和适当比例的公司职工代表，其中职工代表的比例不得低于三分之一，具体比例由公司章程规定。监事会中的职工代表由公司职工通过职工代表大会、职工大会或者其他形式民主选举产生。 监事会设主席一人，可以设副主席。监事会主席和副主席由全体监事过半数选举产生。监事会主席召集和主持监事会会议；监事会主席不能履行职务或者不履行职务的，由监事会副主席召集和主持监事会会议；监事会副主席不能履行职务或者不履行职务的，由过半数的监事共同推举一名监事召	**原《公司法》第一百一十七条**　股份有限公司设监事会，其成员不得少于三人。 监事会应当包括股东代表和适当比例的公司职工代表，其中职工代表的比例不得低于三分之一，具体比例由公司章程规定。监事会中的职工代表由公司职工通过职工代表大会、职工大会或者其他形式民主选举产生。 监事会设主席一人，可以设副主席。监事会主席和副主席由全体监事过半数选举产生。监事会主席召集和主持监事会会议；监事会主席不能履行职务或者不履行职务的，由监事会副主席召集和主持监事会会议；监事会副主席不能履行职务或者不履行职务的，由半数以上监事共同推举一名监事召集和主持监事会会议。 董事、高级管理人员不得兼任监事。 本法第五十二条关	本条是关于股份有限公司监事会设立、组成和会议召集、主持以及监事任期的规定。 相较原规定，此次修改增加了依据第一百二十一条第一款、第一百三十三条规定的可以不设监事会的例外规定，其他内容无实质性修改。

新《公司法》	原《公司法》及相关规定	释义与修法解读
集和主持监事会会议。 董事、高级管理人员不得兼任监事。 本法第七十七条关于有限责任公司监事任期的规定，适用于股份有限公司监事。	于有限责任公司监事任期的规定，适用于股份有限公司监事。	
第一百三十一条　【监事会的职权及履职费用】本法第七十八条至第八十条的规定，适用于股份有限公司监事会。 监事会行使职权所必需的费用，由公司承担。	**原《公司法》第一百一十八条**　本法第五十三条、第五十四条关于有限责任公司监事会职权的规定，适用于股份有限公司监事会。 监事会行使职权所必需的费用，由公司承担。	本条是关于股份有限公司监事会职权及其行使职权费用承担的规定，相较原规定，条文更加精简，内容无实质性修改。
第一百三十二条　【监事会的会议制度】监事会每六个月至少召开一次会议。监事可以提议召开临时监事会会议。 监事会的议事方式和表决程序，除本法有规定的外，由公司章程规定。 监事会决议应当经**全体监事的过半数通过**。 **监事会决议的表决，应当一人一票。** 监事会应当对所议事项的决定作成会议	**原《公司法》第一百一十九条**　监事会每六个月至少召开一次会议。监事可以提议召开临时监事会会议。 监事会的议事方式和表决程序，除本法有规定的外，由公司章程规定。 监事会决议应当经半数以上监事通过。 监事会应当对所议事项的决定作成会议记录，出席会议的监事应当在会议记录上签名。	本条是关于股份有限公司监事会会议的类型、会议记录、议事方式和表决程序等会议制度的规定。 相较原规定，有如下变化： 第一，将监事会决议通过比例由“经半数以上监事通过”修改为“经全体监事的过半数通过”，修改后的条文更加严谨、准确，不包含本数，避免了适用中的争议。 第二，增加了第四款“监事会决议的表决，应当一人一票”的规定，以法律规定的形式确定了监事会表决实行“一人一票”的原则。

新《公司法》	原《公司法》及相关规定	释义与修法解读
记录，出席会议的监事应当在会议记录上签名。		
第一百三十三条 【不设监事会的情形】规模较小或者股东人数较少的股份有限公司，可以不设监事会，设一名监事，行使本法规定的监事会的职权。		本条是关于股份有限公司可以不设监事会的规定，为新增条文。 相较原《公司法》关于股份有限公司监事会成员不得少于三人的规定，本条规定规模较小或者股东人数较少的股份有限公司，可以不设监事会，设一名监事，行使监事会的职权，进一步提高了股份有限公司治理的灵活性。
第五节 上市公司组织机构的特别规定		
第一百三十四条 【上市公司的定义】本法所称上市公司，是指其股票在证券交易所上市交易的股份有限公司。	**原《公司法》第一百二十条** 本法所称上市公司，是指其股票在证券交易所上市交易的股份有限公司。	本条是关于《公司法》所称上市公司含义的规定，内容无修改。
第一百三十五条 【特别事项的通过】上市公司在一年内购买、出售重大资产或者**向他人**提供担保的金额超过公司资产总额百分之三十的，应当由股东会作出决议，并经出席会议的股东所持表决权的三分之二以上通过。	**原《公司法》第一百二十一条** 上市公司在一年内购买、出售重大资产或者担保金额超过公司资产总额百分之三十的，应当由股东大会作出决议，并经出席会议的股东所持表决权的三分之二以上通过。	本条是关于上市公司重大资产处理与担保应经股东会作出决议的规定。 相较原规定，本条增加了“向他人”提供担保的限定性规定。这是因为，公司向他人担保可能会承担担保责任，而当担保的金额超过公司资产总额一定比例时，可能会导致公司资产负债发生重大变化，严重影响公司和股东的利益。上市公司作为公众

新《公司法》	原《公司法》及相关规定	释义与修法解读
		公司，更是涉及资本市场秩序和众多投资者的利益，因此，有必要在法律上设置更严格的程序和条件。而公司为自己提供担保并不会损害公司或股东的利益，因此不需要作为特别事项处理。
第一百三十六条　【独立董事及公司章程应载明的特殊事项】上市公司设独立董事，具体**管理**办法由国务院**证券监督管理机构**规定。 **上市公司的公司章程除载明本法第九十五条规定的事项外，还应当依照法律、行政法规的规定载明董事会专门委员会的组成、职权以及董事、监事、高级管理人员薪酬考核机制等事项。**	**原《公司法》第一百二十二条**　上市公司设独立董事，具体办法由国务院规定。	本条是关于上市公司设独立董事的规定。 相较原规定，有如下变化：第一，第一款将上市公司独立董事管理办法由国务院规定修改为由国务院证券监督管理机构规定，更加符合实际。 第二，第二款为新增条款，明确了上市公司章程除了应当载明第九十五条规定的一般事项，还应当载明董事会专门委员会的组成、职权以及董事、监事和高级管理人员薪酬考核机制等事项。
第一百三十七条　【应由审计委员会事前通过的事项】上市公司在董事会中设置审计委员会的，董事会对下列事项作出决议前应当经审计委员会全体成员过半数通过： **（一）聘用、解聘承**	**《上市公司独立董事管理办法》第二十六条第一款**　上市公司董事会审计委员会负责审核公司财务信息及其披露、监督及评估内外部审计工作和内部控制，下列事项应当经审计委员会全体成员过半数同	本条是关于提交董事会决议前需要经审计委员会全体成员过半数同意的事项的规定，属于新增条文。 本条相关内容在证监会公布的《上市公司独立董事管理办法》有规定。 此次《公司法》修订将原来部门规章的规定上升至法律层面，

新《公司法》	原《公司法》及相关规定	释义与修法解读
办公司审计业务的会计师事务所； **（二）聘任、解聘财务负责人；** **（三）披露财务会计报告；** **（四）国务院证券监督管理机构规定的其他事项。**	意后，提交董事会审议： （一）披露财务会计报告及定期报告中的财务信息、内部控制评价报告； （二）聘用或者解聘承办上市公司审计业务的会计师事务所； （三）聘任或者解聘上市公司财务负责人； （四）因会计准则变更以外的原因作出会计政策、会计估计变更或者重大会计差错更正； （五）法律、行政法规、中国证监会规定和公司章程规定的其他事项。	有利于发挥审计委员会在上市公司治理中的作用，进一步优化、完善上市公司治理机制。
第一百三十八条　【董事会秘书】上市公司设董事会秘书，负责公司股东会和董事会会议的筹备、文件保管以及公司股东资料的管理，办理信息披露事务等事宜。	**原《公司法》第一百二十三条**　上市公司设董事会秘书，负责公司股东大会和董事会会议的筹备、文件保管以及公司股东资料的管理，办理信息披露事务等事宜。	本条是关于上市公司董事会秘书及其职责的规定，条文内容无修改。
第一百三十九条　【关联关系董事的回避】上市公司董事与董事会会议决议事项所涉及的企业**或者个人**有关联关系的，**该董事应当及时向董事会书**	**原《公司法》第一百二十四条**　上市公司董事与董事会会议决议事项所涉及的企业有关联关系的，不得对该项决议行使表决权，也不得代理其他董事行使表	本条是关于上市公司关联关系董事回避与相关事项议事规则的规定，相较原规定，此次修改有如下变化： 第一，增加了“或者个人”的规定，完善了原规定关于“关联关系”的定义。

新《公司法》	原《公司法》及相关规定	释义与修法解读
面报告。有关联关系的董事不得对该项决议行使表决权，也不得代理其他董事行使表决权。该董事会会议由过半数的无关联关系董事出席即可举行，董事会会议所作决议须经无关联关系董事过半数通过。出席董事会会议的无关联关系董事人数不足三人的，应当将该事项提交上市公司股东会审议。	决权。该董事会会议由过半数的无关联关系董事出席即可举行，董事会会议所作决议须经无关联关系董事过半数通过。出席董事会的无关联关系董事人数不足三人的，应将该事项提交上市公司股东大会审议。	第二，新增关联董事的书面报告义务，即关联董事应当及时向董事会书面报告关联关系的相关情况，对关联董事的披露义务提出了更高的要求。
第一百四十条 【信息披露义务及禁止违法代持】上市公司应当依法披露股东、实际控制人的信息，相关信息应当真实、准确、完整。 **禁止违反法律、行政法规的规定代持上市公司股票。**	**《证券法》第七十八条第二款** 信息披露义务人披露的信息，应当真实、准确、完整，简明清晰，通俗易懂，不得有虚假记载、误导性陈述或者重大遗漏。 **《上市公司信息披露管理办法》第十四条** 年度报告应当记载以下内容： …… （四）持股百分之五以上股东、控股股东及实际控制人情况； ……	本条是关于上市公司对股东、实际控制人信息的依法披露义务以及禁止违法代持上市公司股票的规定，属于新增条文。 第一款吸收了《证券法》《上市公司信息披露管理办法》的有关规定，在《公司法》层面明确了上市公司应当依法、真实、准确、完整披露股东、实际控制人信息，有利于规范上市公司的信息披露行为。 第二款是关于禁止违法代持上市公司股票的规定，是在法律层面，首次对上市公司股份代持问题作出规定，意义重大。对认定上市公司股份代持行为的效力，提供了明确的法律依据，具体而言： 第一，在本条规定之前，我国

新《公司法》	原《公司法》及相关规定	释义与修法解读
		法律、行政法规没有直接规定禁止代持上市公司股票或股份，对于上市公司代持效力的认定，实践中一般有两种处理思路：(1)如果股份代持违背公序良俗、损害社会公共利益，则因违反《民法典》第一百五十三条第二款的规定而无效；(2)如果股份代持导致公司股东、实际控制人的披露不真实、不准确、不完整，则代持行为因违反《证券法》的有关上市公司信息披露义务的规定而无效。 第二，本条是效力性强制性规范，对于违反法律、行政法规关于禁止上市公司股票代持规定的，代持行为无效。
第一百四十一条 【禁止交叉持股的情形】上市公司控股子公司不得取得该上市公司的股份。 **上市公司控股子公司因公司合并、质权行使等原因持有上市公司股份的，不得行使所持股份对应的表决权，并应当及时处分相关上市公司股份。**	《上海证券交易所股票上市规则》3.4.15 上市公司控股子公司不得取得该上市公司发行的股份。确因特殊原因持有股份的，应当在1年内消除该情形。前述情形消除前，相关子公司不得行使所持股份对应的表决权。	本条是关于禁止上市公司控股子公司取得上市公司股份的规定，属于新增条文。 本条吸收借鉴了《上海证券交易所股票上市规则》的相关规定(《北京证券交易所股票上市规则(试行)》《深圳证券交易所股票上市规则》均有类似规定)，将上市公司控股子公司不得取得该上市公司的股份上升为法律规定，有利于避免交叉持股可能导致的会计核算、控制权不稳定、架空公司等诸多问题，可保障上市公司的有效治理，保护上市公司债权人的合法权益。

第六章　股份有限公司的股份发行和转让

新《公司法》	原《公司法》及相关规定	释义与修法解读
第一节　股份发行		
第一百四十二条　【股份及其面额】 公司的资本划分为股份。**公司的全部股份，根据公司章程的规定择一采用面额股或者无面额股。采用面额股的，**每一股的金额相等。 **公司可以根据公司章程的规定将已发行的面额股全部转换为无面额股或者将无面额股全部转换为面额股。** **采用无面额股的，应当将发行股份所得股款的二分之一以上计入注册资本。**	**原《公司法》第一百二十五条**　股份有限公司的资本划分为股份，每一股的金额相等。 ~~公司的股份采取股票的形式。股票是公司签发的证明股东所持股份的凭证。~~ **第一百二十七条**　~~股票发行价格可以按票面金额，也可以超过票面金额，但不得低于票面金额。~~	本条是关于股份有限公司股份及股份面额的规定。 在股份发行上，相较只允许股份有限公司发行面额股的原规定，本条新增面额股的相关内容，是本次《公司法》修订的亮点之一。具体而言： 第一，股票面额是指股份有限公司在所发行的股份票面上标明的票面金额。以股票上是否记载票面金额为分类标准，可以将公司发行的股票分为面额股和无面额股。在法定资本制下，股份有限公司的注册资本即为股票面额和已发行的股份总数的乘积，面额股不可以折价发行，而无面额股则不存在折价发行。引入无面额股制度，有利于增加公司融资的灵活性，对促进公司有效运行、推动资本市场健康发展具有重要作用。 第二，根据第一款的规定，由公司章程确定是发行面额股还是无面额股，但是只能“择一”发行，而不能采取混合发行的模式。

新《公司法》	原《公司法》及相关规定	释义与修法解读
		第三，根据第二款的规定，公司章程可以确定面额股与无面额股的自由转换，但是必须是“全部转换”，而不能是“部分转换”。 第四，发行无面额股时应将所得的一半以上的股款计入注册资本，未计入注册资本的部分则应当列入公司的资本公积金。
第一百四十三条　【股份发行的原则】股份的发行，实行公平、公正的原则，同**类别**的每一股份应当具有同等权利。 同次发行的同类别股份，每股的发行条件和价格应当相同；**认购人**所认购的股份，每股应当支付相同价额。	**原《公司法》第一百二十六条**　股份的发行，实行公平、公正的原则，同种类的每一股份应当具有同等权利。 同次发行的同种类股票，每股的发行条件和价格应当相同；任何单位或者个人所认购的股份，每股应当支付相同价额。	本条是关于股份有限公司股份发行原则的规定，内容无实质性修改。
第一百四十四条　【类别股】公司可以按照公司章程的规定发行下列与普通股权利不同的类别股： **（一）优先或者劣后分配利润或者剩余财产的股份；** **（二）每一股的表决权数多于或者少于普通股的股份；** **（三）转让须经公司同意等转让受限的股份；**	**原《公司法》第一百三十一条**　国务院可以对公司发行本法规定以外的其他种类的股份，另行作出规定。	本条是关于股份有限公司类别股制度的规定，属于新增条文，是本次《公司法》修订的亮点之一。 本条就类别股的种类、公开发行的限制及部分类别股表决限制事项进行了规定，具体而言： 第一，根据本条第一款的规定，股份有限公司可以发行的类别股种类包括优先股、劣后股、特别表决权型类别股、转让受限型类别股这四类《公司法》明确规定的类别股以及国务院规定的其他类别股。

新《公司法》	原《公司法》及相关规定	释义与修法解读
（四）国务院规定的其他类别股。 公开发行股份的公司不得发行前款第二项、第三项规定的类别股；公开发行前已发行的除外。 公司发行本条第一款第二项规定的类别股的，对于监事或者审计委员会成员的选举和更换，类别股与普通股每一股的表决权数相同。		第二，根据本条第二款的规定，公开发行股份的公司不得再发行特别表决权型类别股及转让受限型类别股，但是公开发行前已发行的除外。 第三，根据本条第三款的规定，公司发行的特别表决权型类别股的股东，在监事和审计委员会成员的选任上无法行使其特别表决权。
第一百四十五条　【发行类别股公司章程记载事项】发行类别股的公司，应当在公司章程中载明以下事项： （一）类别股分配利润或者剩余财产的顺序； （二）类别股的表决权数； （三）类别股的转让限制； （四）保护中小股东权益的措施； （五）股东会认为需要规定的其他事项。		本条是关于发行类别股的公司应当在章程中载明与类别股有关的特定事项的规定，属于新增条款，是类别股制度的系列配套规定。 根据本条规定，公司章程应载明的第一、二、三项事项分别对应第一百四十四条规定的优先股与劣后股、特别表决权型类别股、转让受限型类别股；第四项保护中小股东权益的措施是发行所有类别股均应载明的事项；第五项规定的其他事项的具体内容，可以参照《上市公司章程指引》（2022年修订）第十六条的相关规定。

新《公司法》	原《公司法》及相关规定	释义与修法解读
第一百四十六条　【类别股股东的双重表决】发行类别股的公司，有本法第一百一十六条第三款规定的事项等可能影响类别股股东权利的，除应当依照第一百一十六条第三款的规定经股东会决议外，还应当经出席类别股股东会议的股东所持表决权的三分之二以上通过。 **公司章程可以对需经类别股股东会议决议的其他事项作出规定。**		本条是关于可能影响类别股股东权利的情况下表决方式的规定，属于新增条文，是类别股制度的系列配套规定。 根据本条规定，为了保护类别股股东的权益，公司股东会作出修改公司章程、增加或者减少注册资本的决议，以及公司合并、分立、解散或者变更公司形式的决议的，除了应当经出席会议的股东所持表决权的三分之二以上通过外，还应当经出席类别股股东会的股东所持表决权的三分之二以上通过，实行双重表决。
第一百四十七条　【股份形式】公司的股份采取股票的形式。股票是公司签发的证明股东所持股份的凭证。 公司发行的股票，应当为记名股票。	**原《公司法》第一百二十五条第二款**　公司的股份采取股票的形式。股票是公司签发的证明股东所持股份的凭证。 **第一百二十九条**　公司发行的股票，~~可以为记名股票，也可以为无记名股票~~。 ~~公司向发起人、法人发行的股票~~，应当为记名股票~~，并应当记载该发起人、法人的名称或者姓名，不得另立户名或者以代表人姓名记名~~。	本条是关于股份有限公司发行股票的规定。 相较原规定，本条按照反洗钱有关要求，并根据我国股票发行的实际，删除了公司可以发行无记名股票的规定。

新《公司法》	原《公司法》及相关规定	释义与修法解读
第一百四十八条　【面额股股票发行价格】面额股股票的发行价格可以按票面金额，也可以超过票面金额，但不得低于票面金额。	**原《公司法》第一百二十七条**　股票发行价格可以按票面金额，也可以超过票面金额，但不得低于票面金额。	本条是关于股份有限公司面额股股票发行价格的规定。 由于本次《公司法》修订允许发行无面额股，面额股不可以折价发行，而无面额股则不存在折价发行的问题，因此相较原规定，本条将不可以折价发行的股票限定为面额股。
第一百四十九条　【股票的形式及载明的事项】股票采用纸面形式或者国务院证券监督管理机构规定的其他形式。 股票**采用纸面形式的**，应当载明下列主要事项： （一）公司名称； （二）公司成立日期或者股票发行的时间； （三）股票种类、票面金额及代表的股份数，**发行无面额股的，股票代表的股份数**。 股票**采用纸面形式的**，还应当载明股票的编号，由法定代表人签名，公司盖章。 发起人股票**采用纸面形式的**，应当标明发起人股票字样。	**原《公司法》第一百二十八条**　股票采用纸面形式或者国务院证券监督管理机构规定的其他形式。 股票应当载明下列主要事项： （一）公司名称； （二）公司成立日期； （三）股票种类、票面金额及代表的股份数； （四）股票的编号。 股票由法定代表人签名，公司盖章。 发起人的股票，应当标明发起人股票字样。	本条是关于股票的形式及其记载事项的规定。 相较原规定，本条有两处变化： 一是将应当载明公司名称、公司成立日期、股票种类等事项的股票限缩为采用纸面形式的股票，这是因为股份有限公司普遍以登记结算机构所记载的电子信息作为股权凭证，无须再像纸质股票一样记载相应事项。 二是增加了无面额股股票代表的股份数这一记载事项。

新《公司法》	原《公司法》及相关规定	释义与修法解读
第一百五十条 【向股东交付股票】股份有限公司成立后，即向股东正式交付股票。公司成立前不得向股东交付股票。	**原《公司法》第一百三十二条** 股份有限公司成立后，即向股东正式交付股票。公司成立前不得向股东交付股票。	本条是关于股份有限公司向股东交付股票的日期的规定，内容无修改。
第一百五十一条 【发行新股的决议】公司发行新股，股东会应当对下列事项作出决议： （一）新股种类及数额； （二）新股发行价格； （三）新股发行的起止日期； （四）向原有股东发行新股的种类及数额； **（五）发行无面额股的，新股发行所得股款计入注册资本的金额。** 公司发行新股，可以根据公司经营情况和财务状况，确定其作价方案。	**原《公司法》第一百三十三条** 公司发行新股，股东大会应当对下列事项作出决议： （一）新股种类及数额； （二）新股发行价格； （三）新股发行的起止日期； （四）向原有股东发行新股的种类及数额。 **第一百三十五条** 公司发行新股，可以根据公司经营情况和财务状况，确定其作价方案。	本条是关于股份有限公司发行新股时股东会决议的规定。 相较原规定，本条新增了发行无面额股的，新股发行所得股款计入注册资本的金额的规定。 根据第一百四十二条第三款的规定，采用无面额股的，应当将发行股份所得股款的二分之一以上计入注册资本，股东会决议无面额股新股发行所得股款计入注册资本的金额不得低于该比列。
第一百五十二条 【授权董事会发行股份】公司章程或者股东会可以授权董事会在三年内决定发行不		本条是关于公司章程或股东会授权董事会发行股份的规定，即授权资本制，为新增条款，是本次《公司法》修订的亮点之一。授权董事会发行股份，有利于降

新《公司法》	原《公司法》及相关规定	释义与修法解读
超过已发行股份百分之五十的股份。但以非货币财产作价出资的应当经股东会决议。 **董事会依照前款规定决定发行股份导致公司注册资本、已发行股份数发生变化的，对公司章程该项记载事项的修改不需再由股东会表决。**		低发行成本，增强公司募集资本的能力。 本条规定了授权期限、授权发行的比例及以非货币财产出资情况下的股东会决议，是授权资本制下对董事会的约束机制。 董事会依照前款规定决定发行股份导致公司注册资本、已发行股份数发生变化的，对公司章程该项记载事项的修改不需再由股东会表决。
第一百五十三条 【董事会发行新股的通过】公司章程或者股东会授权董事会决定发行新股的，董事会决议应当经全体董事三分之二以上通过。		本条是关于授权董事会发行新股的情形下董事会表决比例的规定，为新增条款，属于授权资本制的配套规定，也是授权资本制下对董事会的约束机制。
第一百五十四条 【公开募集股份】公司向社会公开募集股份，**应当经国务院证券监督管理机构注册，**公告招股说明书。 招股说明书应当附有公司章程，并载明下列事项： （一）**发行的股份总数；** （二）**面额股**的票面金额和发行价格**或者无面额股的发行价格；** （三）募集资金的	**原《公司法》第八十五条** 发起人向社会公开募集股份，必须公告招股说明书，并制作认股书。认股书应当载明本法第八十六条所列事项，由认股人填写认购股数、金额、住所，并签名、盖章。认股人按照所认购股数缴纳股款。 **第八十六条** 招股说明书应当附有发起人制订的公司章程，并载明下列事项： （一）发起人认购的	本条是关于股份有限公司向社会公开募集股份的招股说明书应载明事项的规定。 相较原规定，有如下变化： 第一，明确规定了公司向社会公开募集股份应当经国务院证券监督管理机构注册，与《证券法》规定的证券发行注册制保持一致。 第二，由于本次《公司法》修订引入了无面额股和授权资本制，取消了无记名股票，因此本条规定的招股说明书的法定记载事项也进行了相应的修订。

新《公司法》	原《公司法》及相关规定	释义与修法解读
用途； （四）认股人的权利和义务； **（五）股份种类及其权利和义务；** （六）本次募股的起止日期及逾期未募足时认股人可以撤回所认股份的说明。 公司设立时发行股份的，还应当载明发起人认购的股份数。	股份数； （二）每股的票面金额和发行价格； （三）~~无记名股票的~~发行总数； （四）募集资金的用途； （五）认股人的权利、义务； （六）本次募股的起止期限及逾期未募足时认股人可以撤回所认股份的说明。	
第一百五十五条　【股票承销】公司向社会公开募集股份，应当由依法设立的证券公司承销，签订承销协议。	**原《公司法》第八十七条**　发起人向社会公开募集股份，应当由依法设立的证券公司承销，签订承销协议。	本条是关于公司向社会公开募集股份的情形下股票承销的规定，将向社会公开募集股份的主体由“发起人”修改为“公司”，其他内容无实质性修改。
第一百五十六条　【代收股款】公司向社会公开募集股份，应当同银行签订代收股款协议。 代收股款的银行应当按照协议代收和保存股款，向缴纳股款的认股人出具收款单据，并负有向有关部门出具收款证明的义务。 公司发行**股份**募足股款后，**应予**公告。	**原《公司法》第八十八条**　发起人向社会公开募集股份，应当同银行签订代收股款协议。 代收股款的银行应当按照协议代收和保存股款，向缴纳股款的认股人出具收款单据，并负有向有关部门出具收款证明的义务。 **第一百三十六条**　公司发行新股募足股款后，必须向公司登记机关办理变更登记，并公告。	本条是关于公司向社会公开募集股份时收取股款的方式的规定，条文内容无实质性修改。

新《公司法》	原《公司法》及相关规定	释义与修法解读
第二节　股份转让		
第一百五十七条　【股份转让】股份有限公司的股东持有的股份可以向其他股东转让，也可以向股东以外的人转让；公司章程对股份转让有限制的，其转让按照公司章程的规定进行。	**原《公司法》第一百三十七条**　股东持有的股份可以依法转让。	本条是关于股份有限公司股份转让的规定。 相较原规定，本条有较大的调整，具体如下： 第一，本条细化了原规定中关于股份转让的原则性规定，明确了股份可以对内转让，也可以对外转让，体现了股份转让自由原则。 第二，公司发行转让受限的类别股的，或者公司章程对股份转让有其他限制的，由公司章程规定具体的转让受限条款。
第一百五十八条　【股份转让的场所】股东转让其股份，应当在依法设立的证券交易场所进行或者按照国务院规定的其他方式进行。	**原《公司法》第一百三十八条**　股东转让其股份，应当在依法设立的证券交易场所进行或者按照国务院规定的其他方式进行。	本条是关于股份有限公司股东转让股份的场所的规定，条文内容无变化。
第一百五十九条　【股票的转让】股票的转让，由股东以背书方式或者法律、行政法规规定的其他方式**进行**；转让后由公司将受让人的姓名或者名称及住所记载于股东名册。 股东会会议召开前	**原《公司法》第一百三十九条**　~~记名~~股票，由股东以背书方式或者法律、行政法规规定的其他方式转让；转让后由公司将受让人的姓名或者名称及住所记载于股东名册。 股东大会召开前二十日内或者公司决定	本条是关于股票转让方式的规定，相较原规定，有两处调整： 第一，由于本次《公司法》修订删除了无记名股票的规定，故无须区分"记名股票"与"无记名股票"。 第二，第二款将"股东会会议召开前二十日内或者公司决定分配股利的基准日前五日内，不得进行前款规定的股东名册的变更

新《公司法》	原《公司法》及相关规定	释义与修法解读
二十日内或者公司决定分配股利的基准日前五日内，不得变更股东名册。法律、行政法规或者国务院证券监督管理机构对上市公司股东名册变更另有规定的，从其规定。	分配股利的基准日前五日内，不得进行前款规定的股东名册~~的变更登记~~。但是，法律对上市公司股东名册变更登记另有规定的，从其规定。 **第一百四十条** ~~无记名股票的转让，由股东将该股票交付给受让人后即发生转让的效力。~~	登记”的表述调整为“不得变更股东名册”，无实质性修改。
第一百六十条 【特定持有人的股份转让】公司公开发行股份前已发行的股份，自公司股票在证券交易所上市交易之日起一年内不得转让。**法律、行政法规或者国务院证券监督管理机构对上市公司的股东、实际控制人转让其所持有的本公司股份另有规定的，从其规定**。 公司董事、监事、高级管理人员应当向公司申报所持有的本公司的股份及其变动情况，在**就任时确定的**任职期间每年转让的股份不得超过其所持有本公司股份总数的百分之二十五；所持本	**原《公司法》第一百四十一条** ~~发起人持有的本公司股份，自公司成立之日起一年内不得转让。~~公司公开发行股份前已发行的股份，自公司股票在证券交易所上市交易之日起一年内不得转让。 公司董事、监事、高级管理人员应当向公司申报所持有的本公司的股份及其变动情况，在任职期间每年转让的股份不得超过其所持有本公司股份总数的百分之二十五；所持本公司股份自公司股票上市交易之日起一年内不得转让。上述人员离职后半年内，不得转让其所持有的本公司股份。公司	本条是关于股份有限公司股份转让限制的规定。 相较原规定，有如下变化： 第一，删除了发起人所持股份自公司成立之日起一年内不得转让的规定，实践中，发起人之间的权利义务可以通过发起人协议进行约定。 第二，第一款明确上市公司的股东、实际控制人转让股份的规定，由法律、行政法规或者国务院证券监督管理机构另行规定，实际上将限制上市公司的股东、实际控制人转让股份的权力交由行政主管机构行使，更符合实际，也有利于维护证券市场的健康发展。 第三，第三款为新增条款，明确限制转让期限内股票可以出质，但是质权人不得在限制转让期限内行使质权。一方面有利于物尽其用，发挥股票的融资作用；

新《公司法》	原《公司法》及相关规定	释义与修法解读
公司股份自公司股票上市交易之日起一年内不得转让。上述人员离职后半年内，不得转让其所持有的本公司股份。公司章程可以对公司董事、监事、高级管理人员转让其所持有的本公司股份作出其他限制性规定。 **股份在法律、行政法规规定的限制转让期限内出质的，质权人不得在限制转让期限内行使质权。**	章程可以对公司董事、监事、高级管理人员转让其所持有的本公司股份作出其他限制性规定。	另一方面防止相关主体利用股权出质的方式规避限制转让的规定，有利于维护证券市场的稳定。
第一百六十一条　【异议股东股份回购请求权】有下列情形之一的，对股东会该项决议投反对票的股东可以请求公司按照合理的价格收购其股份，公开发行股份的公司除外： **（一）公司连续五年不向股东分配利润，而公司该五年连续盈利，并且符合本法规定的分配利润条件；** **（二）公司转让主要财产；** **（三）公司章程规定的营业期限届满或者**		本条是关于非公开发行股份的股份有限公司异议股东股份回购请求权的规定，属于新增条文。 由于公开发行股份的公司的股份具有较强的流动性，对于异议股东来说，其可以直接转让股份，无须通过公司回购退出，因此，公开发行股份的公司不适用本条的规定。 与第八十九条规定的有限责任公司异议股东股权回购请求权相比，本条删除了公司合并、分立的情形，且公司应当在六个月内依法转让或者注销收购的本公司股份的情形有所不同，其他内容与第八十九条的规定一致。合并、分立的回购规定在第一百六十二条。

新《公司法》	原《公司法》及相关规定	释义与修法解读
章程规定的其他解散事由出现，股东会通过决议修改章程使公司存续。 **自股东会决议作出之日起六十日内，股东与公司不能达成股份收购协议的，股东可以自股东会决议作出之日起九十日内向人民法院提起诉讼。** **公司因本条第一款规定的情形收购的本公司股份，应当在六个月内依法转让或者注销。**		
第一百六十二条 【本公司股份的收购及质押】公司不得收购本公司股份。但是，有下列情形之一的除外： （一）减少公司注册资本； （二）与持有本公司股份的其他公司合并； （三）将股份用于员工持股计划或者股权激励； （四）股东因对股东会作出的公司合并、分立决议持异议，要求公司收购其股份； （五）将股份用于转换公司发行的可转换	**原《公司法》第一百四十二条** 公司不得收购本公司股份。但是，有下列情形之一的除外： （一）减少公司注册资本； （二）与持有本公司股份的其他公司合并； （三）将股份用于员工持股计划或者股权激励； （四）股东因对股东大会作出的公司合并、分立决议持异议，要求公司收购其股份； （五）将股份用于转换上市公司发行的可转	本条是关于股份有限公司股份回购、质押的限制的规定，第一款第五项删除了“上市”公司的限定条件，因《公司法》第二百零二条将发行可转换为股票的公司债券的主体由上市公司扩大到所有股份有限公司，本条相应修改。

新《公司法》	原《公司法》及相关规定	释义与修法解读
为股票的公司债券； （六）上市公司为维护公司价值及股东权益所必需。 公司因前款第一项、第二项规定的情形收购本公司股份的，应当经股东会决议；公司因前款第三项、第五项、第六项规定的情形收购本公司股份的，可以**按**照公司章程或者股东会的授权，经三分之二以上董事出席的董事会会议决议。 公司依照本条第一款规定收购本公司股份后，属于第一项情形的，应当自收购之日起十日内注销；属于第二项、第四项情形的，应当在六个月内转让或者注销；属于第三项、第五项、第六项情形的，公司合计持有的本公司股份数不得超过本公司已发行股份总数的百分之十，并应当在三年内转让或者注销。 上市公司收购本公司股份的，应当依照《中华人民共和国证券	换为股票的公司债券； （六）上市公司为维护公司价值及股东权益所必需。 公司因前款第（一）项、第（二）项规定的情形收购本公司股份的，应当经股东大会决议；公司因前款第（三）项、第（五）项、第（六）项规定的情形收购本公司股份的，可以依照公司章程的规定或者股东大会的授权，经三分之二以上董事出席的董事会会议决议。 公司依照本条第一款规定收购本公司股份后，属于第（一）项情形的，应当自收购之日起十日内注销；属于第（二）项、第（四）项情形的，应当在六个月内转让或者注销；属于第（三）项、第（五）项、第（六）项情形的，公司合计持有的本公司股份数不得超过本公司已发行股份总额的百分之十，并应当在三年内转让或者注销。 上市公司收购本公司股份的，应当依照《中	

新《公司法》	原《公司法》及相关规定	释义与修法解读
法》的规定履行信息披露义务。上市公司因本条第一款第三项、第五项、第六项规定的情形收购本公司股份的，应当通过公开的集中交易方式进行。 公司不得接受本公司的股份作为质权的标的。	华人民共和国证券法》的规定履行信息披露义务。上市公司因本条第一款第(三)项、第(五)项、第(六)项规定的情形收购本公司股份的，应当通过公开的集中交易方式进行。 公司不得接受本公司的股票作为质押权的标的。	
第一百六十三条 【禁止财务资助】公司不得为他人取得本公司或者其母公司的股份提供赠与、借款、担保以及其他财务资助，公司实施员工持股计划的除外。 **为公司利益，经股东会决议，或者董事会按照公司章程或者股东会的授权作出决议，公司可以为他人取得本公司或者其母公司的股份提供财务资助，但财务资助的累计总额不得超过已发行股本总额的百分之十。董事会作出决议应当经全体董事的三分之二以上通过。** **违反前两款规定，**		本条是关于股份有限公司及其子公司不得为他人取得本公司或者母公司的股份提供财务资助的规定，即禁止财务资助制度，属于新增条文，是本次《公司法》修订的亮点之一。 在本次《公司法》修订之前，《公司法》《证券法》并未明确规定禁止财务资助制度，相关规定主要体现在证券监督管理机构出台的规章及证券交易所制定的相关规则中，适用的对象为上市公司。本条吸收借鉴了前述规定，在公司法层面构建了禁止财务资助制度体系，具体而言： 第一，禁止财务资助规则适用于所有的股份有限公司，不再局限于上市公司。 第二，原则上禁止公司及其子公司为他人取得本公司或者母公司的股份提供财务资助，但将公司实施员工持股计划作为例外

新《公司法》	原《公司法》及相关规定	释义与修法解读
给公司造成损失的，负有责任的董事、监事、高级管理人员应当承担赔偿责任。		的豁免情形。 第三，在满足“为公司利益”、“经全体董事的三分之二以上通过”以及“财务资助的累计总额不得超过已发行股本总额的百分之十”的条件下，有限制地允许公司提供财务资助。 第四，第三款明确了违反财务资助的民事责任，规定负有责任的董事、监事及高级管理人员应当对由此给公司造成的损失承担赔偿责任。
第一百六十四条　【股票丢失的救济】股票被盗、遗失或者灭失，股东可以依照《中华人民共和国民事诉讼法》规定的公示催告程序，请求人民法院宣告该股票失效。人民法院宣告该股票失效后，股东可以向公司申请补发股票。	**原《公司法》第一百四十三条**　~~记名~~股票被盗、遗失或者灭失，股东可以依照《中华人民共和国民事诉讼法》规定的公示催告程序，请求人民法院宣告该股票失效。人民法院宣告该股票失效后，股东可以向公司申请补发股票。	本条是关于股东股票被盗、遗失或灭失依法申请补发的规定。 与第一百五十九条的修改一样，由于本次《公司法》修订删除了无记名股票的相关规定，故将“记名股票”调整为“股票”，其他内容无变化。
第一百六十五条　【上市公司的股票交易】上市公司的股票，依照有关法律、行政法规及证券交易所交易规则上市交易。	**原《公司法》第一百四十四条**　上市公司的股票，依照有关法律、行政法规及证券交易所交易规则上市交易。	本条是关于上市公司股票交易规则的原则性规定，条文内容无变化。

新《公司法》	原《公司法》及相关规定	释义与修法解读
第一百六十六条 【上市公司的信息披露】上市公司**应当**依照法律、行政法规的规定**披露相关信息**。	**原《公司法》第一百四十五条** 上市公司必须依照法律、行政法规的规定，~~公开其财务状况、经营情况及重大诉讼，在每会计年度内半年公布一次财务会计报告~~。	本条是关于上市公司应依法披露相关信息的原则性规定。 由于《证券法》专章规定了上市公司的信息披露，故无须在《公司法》中再就上市公司的信息披露进行具体的规定，故本条删除了关于上市公司应披露的具体信息的规定，而只是原则性地规定为应当依照法律、行政法规的规定披露相关信息。
第一百六十七条 【股东资格的继承】自然人股东死亡后，其合法继承人可以继承股东资格；但是，股份转让受限的股份有限公司的章程另有规定的除外。		本条是关于股份有限公司的自然人股东死亡后股东资格承继的规定。 原《公司法》第七十五条是关于有限责任公司的自然人股东死亡后股东资格承继的规定，本次《公司法》修订增加了对股份有限公司的规定，属于新增条文。 与有限责任公司的相关规定不同，本条增加了“股份转让受限的股份有限公司的章程另有规定的除外”的规定，即第一百五十七条股份转让有限制的或者按照第一百四十四条发行转让受限类别股的公司章程另有规定的除外。

第七章　国家出资公司组织机构的特别规定

新《公司法》	原《公司法》及相关规定	释义与修法解读
		本次公司法修订在现行公司法关于国有独资公司专节的基础上，设“国家出资公司组织机构的特别规定”专章，作为完善国家出资公司的特别规定。
第一百六十八条　【国家出资公司的概念】国家出资公司的组织机构，适用**本章**规定；**本章**没有规定的，适用本法其他规定。 本法所称**国家出资**公司，是指国家出资的国有独资公司、**国有资本控股公司**，包括国家出资的有限责任公司、**股份有限公司**。	**原《公司法》第六十四条**　国有独资公司的~~设立和~~组织机构，适用本节规定；本节没有规定的，适用本章第一节、第二节的规定。 本法所称国有独资公司，是指国家单独出资、由国务院或者地方人民政府授权本级人民政府国有资产监督管理机构履行出资人职责的有限责任公司。	本条是关于国家出资公司的组织机构、范围以及概念的规定。 相较原规定的“国有独资公司”，将范围由国有独资有限责任公司扩大到国有独资、国有控股的有限责任公司、股份有限公司。
第一百六十九条　【出资人职责】国家出资公司，由国务院或者地方人民政府分别代表国家依法履行出资人职责，享有出资人权益。国务院或者地方人民政府可以授权国有资产监督管理机	**《企业国有资产法》第十一条**　国务院国有资产监督管理机构和地方人民政府按照国务院的规定设立的国有资产监督管理机构，根据本级人民政府的授权，代表本级人民政府对国家出资企业履行出资人职责。	本条是关于对国家出资公司履行出资人职责的机构的规定，为新增条文，吸收借鉴了《企业国有资产法》第十一条的相关规定。 本次《公司法》修订将“国有资产监督管理机构”的表述修改为“履行出资人职责的机构”。

新《公司法》	原《公司法》及相关规定	释义与修法解读
构或者其他部门、机构代表本级人民政府对国家出资公司履行出资人职责。 **代表本级人民政府履行出资人职责的机构、部门，以下统称为履行出资人职责的机构。**	国务院和地方人民政府根据需要，可以授权其他部门、机构代表本级人民政府对国家出资企业履行出资人职责。 代表本级人民政府履行出资人职责的机构、部门，以下统称履行出资人职责的机构。	
第一百七十条 【党对国家出资公司的领导】国家出资公司中中国共产党的组织，按照中国共产党章程的规定发挥领导作用，研究讨论公司重大经营管理事项，支持公司的组织机构依法行使职权。	**《中国共产党章程》第三十三条第二款** 国有企业党委（党组）发挥领导作用，把方向、管大局、保落实，依照规定讨论和决定企业重大事项。国有企业和集体企业中党的基层组织，围绕企业生产经营开展工作。保证监督党和国家的方针、政策在本企业的贯彻执行；支持股东会、董事会、监事会和经理（厂长）依法行使职权；全心全意依靠职工群众，支持职工代表大会开展工作；参与企业重大问题的决策；加强党组织的自身建设，领导思想政治工作、精神文明建设、统一战线工作和工会、共青团、妇女组织等群团组织。	本条是关于党对国家出资公司的领导的规定，属于新增条文。 坚持党的领导，是中国特色现代企业制度的重要基础，根据本条规定，党组织按照《中国共产党章程》的规定对国家出资公司发挥领导作用，研究讨论公司重大经营管理事项，支持公司的组织机构依法行使职权。 将党的领导嵌入国家出资公司治理框架内，有利于加强对国家出资公司经营管理人员的有效监督，增强国家出资公司的公益性，确保国家出资公司能切实发挥党的领导这一独特的政治优势。

新《公司法》	原《公司法》及相关规定	释义与修法解读
第一百七十一条　【国有独资公司章程的制定】国有独资公司章程由**履行出资人职责的机构**制定。	**原《公司法》第六十五条**　国有独资公司章程由国有资产监督管理机构制定，~~或者由董事会制订报国有资产监督管理机构批准。~~	本条是关于国有独资公司章程制定的规定，相较原规定，删除了可以由董事会代为制定的规定。
第一百七十二条　【国有独资公司股东权的行使】国有独资公司不设股东会，由**履行出资人职责的机构**行使股东会职权。履行出资人职责的机构可以授权公司董事会行使股东会的部分职权，**但公司章程的制定和修改，**公司的合并、分立、解散、**申请破产，**增加或者减少注册资本，**分配利润，**应当由履行出资人职责的机构决定。	**原《公司法》第六十六条**　国有独资公司不设股东会，由国有资产监督管理机构行使股东会职权。国有资产监督管理机构可以授权公司董事会行使股东会的部分职权，决定公司的重大事项，但公司的合并、分立、解散、增加或者减少注册资本和发~~行公司债券~~，必须由国有资产监督管理机构决定；其中，重要的国有独资公司合并、分立、解散、申请破产的，应当由国有资产监督管理机构审核后，报本级人民政府批准。 前款所称重要的国有独资公司，按照国务院的规定确定。	本条是关于国有独资公司股东会职权行使的规定。 相较原规定，本条对履行出资人职责的机构授权董事会行使股东会职权的范围进行了调整，删除了“决定公司的重大事项”的规定，增加了公司章程的制定和修改、申请破产、分配利润等职权不得授权行使的规定。
第一百七十三条　【国有独资公司的董事会】国有独资公司的董事会依照本法规定行使职权。	**原《公司法》第六十七条**　国有独资公司设董事会，依照本法第四十六条、第六十六条的规定行使职权。董事	本条是关于国有独资公司的董事会行使职权及其成员的规定。 为落实党中央有关部署，加强国有独资公司董事会建设，本条

新《公司法》	原《公司法》及相关规定	释义与修法解读
国有独资公司的董事会成员中，**应当过半数为外部董事**，并应当有公司职工代表。 董事会成员由**履行出资人职责的机构**委派；但是，董事会成员中的职工代表由公司职工代表大会选举产生。 董事会设董事长一人，可以设副董事长。董事长、副董事长由**履行出资人职责的机构**从董事会成员中指定。	每届任期不得超过三年。董事会成员中应当有公司职工代表。 董事会成员由国有资产监督管理机构委派；但是，董事会成员中的职工代表由公司职工代表大会选举产生。 董事会设董事长一人，可以设副董事长。董事长、副董事长由国有资产监督管理机构从董事会成员中指定。	新增了国有独资公司董事会成员中应当过半数为外部董事的规定，其他内容无实质性修改。
第一百七十四条　【国有独资公司的经理】国有独资公司的经理由董事会聘任或者解聘。 经**履行出资人职责的机构**同意，董事会成员可以兼任经理。	**原《公司法》第六十八条**　国有独资公司设经理，由董事会聘任或者解聘。~~经理依照本法第四十九条规定行使职权。~~ 经国有资产监督管理机构同意，董事会成员可以兼任经理。	本条是关于国有独资公司经理的规定。 由于本次《公司法》修订删除了有限责任公司经理行使具体职权的规定，并规定经理根据公司章程的规定或者董事会的授权行使职权，故本条删除了经理行使职权参照适用的有关规定。
第一百七十五条　【国有独资公司高管人员的兼职禁止】国有独资公司的董事、高级管理人员，未经**履行出资人职责的机构**同意，不得在其他有限责任公司、股份有限公司或者其他经济组织兼职。	**原《公司法》第六十九条**　国有独资公司的董事长、副董事长、董事、高级管理人员，未经国有资产监督管理机构同意，不得在其他有限责任公司、股份有限公司或者其他经济组织兼职。	本条是关于国有独资公司董事及高级管理人员兼职的禁止的规定。 由于董事长、副董事长属于董事的范围，因此本条删除了重复规定，本条其他内容无实质性修改。

新《公司法》	原《公司法》及相关规定	释义与修法解读
第一百七十六条　【国有独资公司的审计委员会】国有独资公司在董事会中设置由董事组成的审计委员会行使本法规定的监事会职权的，不设监事会或者监事。	~~原《公司法》第七十条　国有独资公司监事会成员不得少于五人，其中职工代表的比例不得低于三分之一，具体比例由公司章程规定。~~ ~~监事会成员由国有资产监督管理机构委派；但是，监事会成员中的职工代表由公司职工代表大会选举产生。监事会主席由国有资产监督管理机构从监事会成员中指定。~~ ~~监事会行使本法第五十三条第（一）项至第（三）项规定的职权和国务院规定的其他职权。~~	本条是关于国有独资公司不设监事会或者监事，由审计委员会行使监事会职权的规定，属于新增条文。 2018年3月，中共中央印发《深化党和国家机构改革方案》，提出为整合审计监督力量，减少职责交叉分散，避免重复检查和监督盲区，增强监督效能，不再设立国有重点大型企业监事会。故本条内容实际是对党中央关于深化国有企业监事会改革的要求的贯彻落实。
第一百七十七条　【国家出资公司的合规建设】国家出资公司应当依法建立健全内部监督管理和风险控制制度，加强内部合规管理。		本条是关于国家出资公司应依法建立健全内部合规制度的规定，属于新增条文。 《企业国有资产法》第十七条第二款规定："国家出资企业应当依法建立和完善法人治理结构，建立健全内部监督管理和风险控制制度。"《中央企业合规管理指引（试行）》第一条也明确其制定目的是"推动中央企业全面加强合规管理，加快提升依法合规经营管理水平，着力打造法治央企，保障企业持续健康发展"。

新《公司法》	原《公司法》及相关规定	释义与修法解读
		本条吸收借鉴了上述规定，要求国家出资公司应当健全内部监督、加强内部合规管理，有利于强化国家出资公司的内部监督和合规管理。

第八章　公司董事、监事、高级管理人员的资格和义务

新《公司法》	原《公司法》及相关规定	释义与修法解读
第一百七十八条　【高管人员的资格禁止】有下列情形之一的，不得担任公司的董事、监事、高级管理人员： （一）无民事行为能力或者限制民事行为能力； （二）因贪污、贿赂、侵占财产、挪用财产或者破坏社会主义市场经济秩序，被判处刑罚，或者因犯罪被剥夺政治权利，执行期满未逾五年，**被宣告缓刑的，自缓刑考验期满之日起未逾二年；** （三）担任破产清算的公司、企业的董事或者厂长、经理，对该公司、企业的破产负有个人责任的，自该公司、企业破产清算完结之日起未逾三年；	**原《公司法》第一百四十六条**　有下列情形之一的，不得担任公司的董事、监事、高级管理人员： （一）无民事行为能力或者限制民事行为能力； （二）因贪污、贿赂、侵占财产、挪用财产或者破坏社会主义市场经济秩序，被判处刑罚，执行期满未逾五年，或者因犯罪被剥夺政治权利，执行期满未逾五年； （三）担任破产清算的公司、企业的董事或者厂长、经理，对该公司、企业的破产负有个人责任的，自该公司、企业破产清算完结之日起未逾三年； （四）担任因违法被吊销营业执照、责令关	本条是关于公司董事、监事、高级管理人员任职资格的限制性规定。 相较原规定，本条第一款第二项增加了“被宣告缓刑的，自缓刑考验期满之日起未逾二年”的情形，原因是按照《刑法》第七十七条的规定，缓刑考验期满，原判的刑罚就不再执行，缓刑不存在“执行期满”，被宣告缓刑的，起算点为考验期满之日；第一款第四项增加了“责令关闭”；第一款第五项增加了“被人民法院列为失信被执行人”的适用条件。

新《公司法》	原《公司法》及相关规定	释义与修法解读
（四）担任因违法被吊销营业执照、责令关闭的公司、企业的法定代表人，并负有个人责任的，自该公司、企业被吊销营业执照、**责令关闭**之日起未逾三年； （五）个人因所负数额较大债务到期未清偿**被人民法院列为失信被执行人**。 违反前款规定选举、委派董事、监事或者聘任高级管理人员的，该选举、委派或者聘任无效。 董事、监事、高级管理人员在任职期间出现本条第一款所列情形的，公司应当解除其职务。	闭的公司、企业的法定代表人，并负有个人责任的，自该公司、企业被吊销营业执照之日起未逾三年； （五）个人所负数额较大的债务到期未清偿。 公司违反前款规定选举、委派董事、监事或者聘任高级管理人员的，该选举、委派或者聘任无效。 董事、监事、高级管理人员在任职期间出现本条第一款所列情形的，公司应当解除其职务。	
第一百七十九条　【高管人员的义务】董事、监事、高级管理人员应当遵守法律、行政法规和公司章程。	**原《公司法》第一百四十七条第一款**　董事、监事、高级管理人员应当遵守法律、行政法规和公司章程，对公司负有忠实义务和勤勉义务。	本条是关于董事、监事、高级管理人员应当遵守法律、行政法规和公司章程的原则性规定，内容无变化。
第一百八十条　【忠实、勤勉义务】董事、监事、高级管理人员对公司负有忠实义务，**应当采取措施避免自身利**	**原《公司法》第一百四十七条第一款**　董事、监事、高级管理人员应当遵守法律、行政法规和公司章程，对公	本条是关于董事、监事、高级管理人员的忠实义务和勤勉义务的规定。 相较原规定，条文有重大调整，具体如下：

新《公司法》	原《公司法》及相关规定	释义与修法解读
益与公司利益冲突，不得利用职权牟取不正当利益。 董事、监事、高级管理人员对公司负有勤勉义务，**执行职务应当为公司的最大利益尽到管理者通常应有的合理注意。** **公司的控股股东、实际控制人不担任公司董事但实际执行公司事务的，适用前两款规定。**	司负有忠实义务和勤勉义务。	第一，本条对忠实义务和勤勉义务的基本内涵进行了明确规定，完善了忠实义务和勤勉义务的具体内容。 忠实义务要求董事、监事、高级管理人员“应当采取措施避免自身利益与公司利益冲突，不得利用职权谋取不正当利益”；勤勉义务要求董事、监事、高级管理人员“执行职务应当为公司的最大利益尽到管理者通常应有的合理注意”。本条规定为审判实务提供了法定的判断标准，避免了适用中的争议。 第二，新增第三款，明确公司的控股股东、实际控制人不担任公司董事但实际执行公司事务的，对公司负有忠实、勤勉义务。
第一百八十一条　【董事、监事、高管人员的禁止行为】 董事、**监事**、高级管理人员不得有下列行为： （一）侵占公司财产、挪用公司资金； （二）将公司资金以其个人名义或者以其他个人名义开立账户存储； （三）利用职权贿赂或者收受其他非法收入；	**原《公司法》第一百四十七条第二款**　董事、监事、高级管理人员不得利用职权收受贿赂或者其他非法收入，不得侵占公司的财产。 **第一百四十八条**　董事、高级管理人员不得有下列行为： （一）挪用公司资金； （二）将公司资金以其个人名义或者以其他	本条是关于禁止董事、监事、高级管理人员从事的违反公司忠实义务的具体规定。 相较原规定，增加“监事”作为禁止行为的主体，删除了第三项“将公司资金借贷给他人或者以公司财产为他人提供担保”这一情形，同时将原规定第四项、第五项进行补充完善后，单独列为条文。本条其他内容无实质性修改。

新《公司法》	原《公司法》及相关规定	释义与修法解读
（四）接受他人与公司交易的佣金归为己有； （五）擅自披露公司秘密； （六）违反对公司忠实义务的其他行为。	个人名义开立账户存储； （三）违反公司章程的规定，未经股东会、股东大会或者董事会同意，将公司资金借贷给他人或者以公司财产为他人提供担保； （四）违反公司章程的规定或者未经股东会、股东大会同意，与本公司订立合同或者进行交易； （五）未经股东会或者股东大会同意，利用职务便利为自己或者他人谋取属于公司的商业机会，自营或者为他人经营与所任职公司同类的业务； （六）接受他人与公司交易的佣金归为己有； （七）擅自披露公司秘密； （八）违反对公司忠实义务的其他行为。 董事、高级管理人员违反前款规定所得的收入应当归公司所有。	

新《公司法》	原《公司法》及相关规定	释义与修法解读
第一百八十二条 【董事、监事、高管人员与本公司交易的程序】董事、监事、高级管理人员，直接或者间接与本公司订立合同或者进行交易，**应当就与订立合同或者进行交易有关的事项向董事会或者股东会报告，并按照公司章程的规定经董事会或者股东会决议通过。** **董事、监事、高级管理人员的近亲属，董事、监事、高级管理人员或者其近亲属直接或者间接控制的企业，以及与董事、监事、高级管理人员有其他关联关系的关联人，与公司订立合同或者进行交易，适用前款规定。**	**原《公司法》第一百四十八条第一款第四项** （四）违反公司章程的规定或者未经股东会、股东大会同意，与本公司订立合同或者进行交易；	本条是关于董事、监事、高级管理人员及其关联人进行关联交易的规定。在吸收原《公司法》第一百四十八条第一款第四项的基础上，单独列为一条。 本条对关联交易主体范围、披露及表决程序进行了明确的规定，完善了关联交易表决程序，是本次《公司法》修订的亮点之一。具体而言： 第一，增加"监事"作为关联交易程序的适用主体。 第二，允许公司章程规定董事会或股东会作为关联交易的批准机关，不强制规定应由股东会决定。 第三，规定了关联交易的信息披露规则，即在董事会或者股东会作出决议之前，董事、监事、高级管理人员应将与关联交易有关的事项向董事会或者股东会报告。 第四，本条第二款在《公司法》规定的"关联关系"的基础上扩大了关联方的主体范围。
第一百八十三条 【谋取公司商业机会的禁止及例外】董事、监事、高级管理人员，不得利用职务便利为自己或者他人谋取属于公司的商业机会。**但是，有下列情形之一的除外：**	**原《公司法》第一百四十八条第一款第五项** （五）未经股东会或者股东大会同意，利用职务便利为自己或者他人谋取属于公司的商业机会，自营或者为他人经营与所任职公司同类的业务；	本条是关于董事、监事、高级管理人员谋取公司商业机会的除外规定，在吸收原《公司法》第一百四十八条第一款第五项的基础上，单独列为一条。 相较原规定，有如下变化： 第一，增加"监事"作为不得为自己或他人谋取属于公司的商业机会的主体。

新《公司法》	原《公司法》及相关规定	释义与修法解读
（一）向董事会或者股东会报告，并按照公司章程的规定经董事会或者股东会决议通过； **（二）根据法律、行政法规或者公司章程的规定，公司不能利用该商业机会。**		第二，将原规定“经股东会或者股东大会同意”的除外事由修改为“向董事会或者股东会报告，并按照公司章程的规定，经董事会或者股东会决议通过”。 第三，增加“根据法律、行政法规或者公司章程的规定，公司不能利用该商业机会”的除外事由。
第一百八十四条 【经营同类业务的限制】**董事**、监事、高级管理人员**未向董事会或者股东会报告**，并按照公司章程的规定经**董事会或者**股东会决议通过，不得自营或者为他人经营与其任职公司同类的业务。	**原《公司法》第一百四十八条第一款第五项** （五）未经股东会或者股东大会同意，利用职务便利为自己或者他人谋取属于公司的商业机会，自营或者为他人经营与所任职公司同类的业务；	本条是关于董事、监事、高级管理人员不得擅自经营与公司同类的业务的规定，即竞业禁止义务，在吸收原《公司法》第一百四十八条第一款第五项的基础上，单独列为一条。 相较原规定，有如下变化： 第一，增加“监事”作为竞业禁止义务的主体。 第二，将原规定“经股东会或者股东大会同意”的许可事由修改为“向董事会或者股东会报告，并按照公司章程的规定经董事会或者股东会决议通过”。
第一百八十五条 【关联董事的回避表决】董事会对本法第一百八十二条至第一百八十四条规定的事项决议时，关联董事不得参与表决，其表决权不计入表决权总数。出席董事会会议的无关联关系董事人数不		本条是关于关联董事回避表决的规定，属于新增条文。 根据本条规定，在董事会对《公司法》第一百八十二条至第一百八十四条规定的事项进行决议时，关联董事不得参与表决，其表决权不计入表决权总数。出席董事会会议的无关联关系董事人数不足三人的，应当将该事项提交股东会审议。值得注意的是，

新《公司法》	原《公司法》及相关规定	释义与修法解读
足三人的，应当将该事项提交股东会审议。		《公司法》并未规定此种情况下关联股东应回避表决。
第一百八十六条　【董事、监事、高管人员违规收入的处理】董事、**监事**、高级管理人员**违反本法第一百八十一条至第一百八十四条**规定所得的收入应当归公司所有。	**原《公司法》第一百四十八条第二款**　董事、高级管理人员违反前款规定所得的收入应当归公司所有。	本条是关于董事、监事、高级管理人员违反第一百八十一条至第一百八十四条关于关联交易、谋取公司交易机会和竞业禁止规定所得收入的处理的规定，在吸收原《公司法》第一百四十八条第二款的基础上，单独列为一条。 相较原规定，有如下变化： 第一，增加“监事”作为收入返还的主体。 第二，在《公司法》列举的违反忠实义务的行为中，违反第一百八十一条至第一百八十四条在损害公司利益的同时，能额外取得收入，而列举的其他行为，主要体现为给公司造成损失，因此本条规定董事、监事、高级管理人员违反前述规定所得的收入应当归公司所有。
第一百八十七条　【董事、监事、高管人员对股东会的义务】股东会要求董事、监事、高级管理人员列席会议的，董事、监事、高级管理人员应当列席并接受股东的质询。	**原《公司法》第一百五十条第一款**　股东会或者股东大会要求董事、监事、高级管理人员列席会议的，董事、监事、高级管理人员应当列席并接受股东的质询。	本条是关于董事、监事、高级管理人员接受股东质询的规定，内容无实质性修改。

新《公司法》	原《公司法》及相关规定	释义与修法解读
第一百八十八条　【董事、监事、高管人员的损害赔偿责任】董事、监事、高级管理人员执行职务违反法律、行政法规或者公司章程的规定，给公司造成损失的，应当承担赔偿责任。	**原《公司法》第一百四十九条**　董事、监事、高级管理人员执行公司职务时违反法律、行政法规或者公司章程的规定，给公司造成损失的，应当承担赔偿责任。	本条是关于董事、监事、高级管理人员执行公司职务违反规定给公司造成损失时应当承担赔偿责任的规定，内容无变化。
第一百八十九条　【公司及全资子公司权益受损的股东救济】董事、高级管理人员有**前条**规定的情形的，有限责任公司的股东、股份有限公司连续一百八十日以上单独或者合计持有公司百分之一以上股份的股东，可以书面请求监事会向人民法院提起诉讼；监事有**前条**规定的情形的，前述股东可以书面请求董事会向人民法院提起诉讼。 监事会或者董事会收到前款规定的股东书面请求后拒绝提起诉讼，或者自收到请求之日起三十日内未提起诉讼，或者情况紧急、不立即提起诉讼将会使公司利益受到难	**原《公司法》第一百五十一条**　董事、高级管理人员有本法第一百四十九条规定的情形的，有限责任公司的股东、股份有限公司连续一百八十日以上单独或者合计持有公司百分之一以上股份的股东，可以书面请求监事会~~或者不设监事会的有限责任公司的监事~~向人民法院提起诉讼；监事有本法第一百四十九条规定的情形的，前述股东可以书面请求董事会~~或者不设董事会的有限责任公司的执行董事~~向人民法院提起诉讼。 监事会~~、不设监事会的有限责任公司的监事~~，或者董事会~~、执行董事~~收到前款规定的股东书面请求后拒绝提起	本条是关于公司及全资子公司权益受损的情况下股东救济程序的规定，本条第四款新增了双重股东代表诉讼制度，是本次《公司法》修订的亮点之一。 根据第四款的规定，公司股东对公司全资子公司的董事、监事、高级管理人员违反忠实、勤勉义务损害公司权益的行为，或者他人侵犯公司全资子公司合法权益造成损失的，可以依照前三款规定书面请求全资子公司的监事会、董事会向人民法院提起诉讼，并有权提起股东代表诉讼。该规定进一步完善了股东代表诉讼制度，为司法实践处理该类纠纷提供了明确的法律依据，有利于保护母公司及其股东尤其是中小股东的合法权益，更好发挥股东在监督公司治理方面的作用。

新《公司法》	原《公司法》及相关规定	释义与修法解读
以弥补的损害的，前款规定的股东有权为公司利益以自己的名义直接向人民法院提起诉讼。 他人侵犯公司合法权益，给公司造成损失的，本条第一款规定的股东可以依照前两款的规定向人民法院提起诉讼。 **公司全资子公司的董事、监事、高级管理人员有前条规定情形，或者他人侵犯公司全资子公司合法权益造成损失的，有限责任公司的股东、股份有限公司连续一百八十日以上单独或者合计持有公司百分之一以上股份的股东，可以依照前三款规定书面请求全资子公司的监事会、董事会向人民法院提起诉讼或者以自己的名义直接向人民法院提起诉讼。**	诉讼，或者自收到请求之日起三十日内未提起诉讼，或者情况紧急、不立即提起诉讼将会使公司利益受到难以弥补的损害的，前款规定的股东有权为了公司的利益以自己的名义直接向人民法院提起诉讼。 他人侵犯公司合法权益，给公司造成损失的，本条第一款规定的股东可以依照前两款的规定向人民法院提起诉讼。	
第一百九十条　【股东权益受损的诉讼】董事、高级管理人员违反法律、行政法规或者公司章程的规定，	**原《公司法》第一百五十二条**　董事、高级管理人员违反法律、行政法规或者公司章程的规定，损害股东利益	本条是关于公司股东可以对损害其利益的董事、高级管理人员提起损害股东利益责任纠纷的规定，条文内容无变化。

新《公司法》	原《公司法》及相关规定	释义与修法解读
损害股东利益的，股东可以向人民法院提起诉讼。	的，股东可以向人民法院提起诉讼。	
第一百九十一条 【董事、高管人员职务侵权行为的责任承担】董事、高级管理人员执行职务，给他人造成损害的，公司应当承担赔偿责任；董事、高级管理人员存在故意或者重大过失的，也应当承担赔偿责任。		本条是关于董事、高级管理人员执行职务给他人（第三人）造成损害的责任承担的规定，属于新增条文，也是本次《公司法》修订的亮点之一。 本条规定对强化董事和高级管理人员责任，提高公司治理水平，保护公司债权人利益具有重要意义。具体而言： 第一，在本次《公司法》修订之前，相关法律零散地规定了董事对第三人的责任承担，如《证券法》第八十五条规定的违反信息披露义务时董事与监事、高级管理人员对投资者的责任；《公司法解释二》第十八条、第十九条规定的董事未履行清算义务时对债权人的责任。上述规定分布较为分散，且在承担责任的主体、第三人的范围以及责任的具体形式上未形成系统规范的法律条文。本条以独立法条的形式将董事、高级管理人员对第三人的责任确定为一般性条款，为第三人寻求司法救济提供了明确的法律依据。 第二，本条规定的董事、高级管理人员对第三人的责任是一种特别法定责任，如果董事、高级管理人员的行为构成侵权责任，则可能与《民法典》第一千一百九十一

新《公司法》	原《公司法》及相关规定	释义与修法解读
		条规定的侵权责任构成竞合。直接侵权行为可以适用《民法典》的规定，间接侵权适用本条规定。 第三，根据本条规定，董事、高级管理人员对第三人承担责任的要件是：(1)主体要件是董事和高级管理人员；(2)就第三人的范围，本条并未明确，因第一百九十条就董事、监事、高级管理人员损害股东利益进行了规定，故此处的他人应该是指公司以外的其他主体；(3)主观要件为执行职务存在故意或者重大过失，并非对侵权行为存在故意或者重大过失；(4)执行职务行为给他人造成损害。
第一百九十二条 【控股股东、实际控制人和董事、高管人员的连带责任】**公司的控股股东、实际控制人指示董事、高级管理人员从事损害公司或者股东利益的行为的，与该董事、高级管理人员承担连带责任。**		本条是关于控股股东、实际控制人和董事、高级管理人员承担连带责任的规定，属于新增条文。 控股股东、实际控制人又被称为影子董事，是指公司董事习惯听从其指令或命令而为行为之人。本条主要针对的是实践中控股股东、实际控制人利用其控制地位，指示董事、高级管理人员从事损害公司及中小股东利益的行为，而要求控股股东、实际控制人与被指使的董事、高级管理人员对造成损失的部分承担连带责任，以强化控股股东、实际控制人的责任，保护公司及中小股东的权益。

新《公司法》	原《公司法》及相关规定	释义与修法解读
第一百九十三条 【董事责任保险】公司可以在董事任职期间为董事因执行公司职务承担的赔偿责任投保责任保险。 **公司为董事投保责任保险或者续保后，董事会应当向股东会报告责任保险的投保金额、承保范围及保险费率等内容。**		本条是关于董事责任保险制度的规定，属于新增条文，也是本次《公司法》修订的亮点之一。 我国首次规定董事责任保险的规范性文件是2001年证监会发布的《关于在上市公司建立独立董事制度的指导意见》（已失效），该意见规定："上市公司可以建立必要的独立董事责任保险制度，以降低独立董事正常履行职责可能引致的风险"。2002年发布及其后修订的《上市公司治理准则》和2022年开始施行的《上市公司独立董事规则》，对上市公司董事的责任保险进行了规定。 本次修订是首次在《公司法》层面规定董事责任保险，针对的是所有类型的公司，有利于降低董事正常履行职责可能引致的风险，体现了完善中国特色现代企业制度，弘扬企业家精神的立法宗旨。

第九章　公司债券

新《公司法》	原《公司法》及相关规定	释义与修法解读
第一百九十四条　【公司债券的概念和发行方式、发行条件】本法所称公司债券，是指公司发行的约定**按期**还本付息的有价证券。 **公司债券可以公开发行，也可以非公开发行。** 公司债券的发行**和交易**应当符合《中华人民共和国证券法》**等法律、行政法规的规定**。	**原《公司法》第一百五十三条**　本法所称公司债券，是指公司~~依照法定程序~~发行、约定在一定期限还本付息的有价证券。 公司发行公司债券应当符合《中华人民共和国证券法》规定的发行条件。	本条是关于公司债券的概念、发行方式及发行条件的规定。 相较原规定，删去“依照法定程序”，将实践中不按照法定程序发行但是实际具有债券性质的非法债券纳入《公司法》规范范围。 同时对原条文内容进行了补充和完善，并明确公司债券可以公开发行，也可以非公开发行。
第一百九十五条　【公司债券募集办法】公开发行公司债券，应当经国务院证券监督管理机构**注册**，公告公司债券募集办法。 公司债券募集办法应当载明下列主要事项： （一）公司名称； （二）债券募集资金的用途； （三）债券总额和债券的票面金额；	**原《公司法》第一百五十四条**　发行公司债券的申请经国务院授权的部门~~核准~~后，应当公告公司债券募集办法。 公司债券募集办法中应当载明下列主要事项： （一）公司名称； （二）债券募集资金的用途； （三）债券总额和债券的票面金额；	本条是关于公司债券募集办法的内容的规定。 相较原规定，本条最大的变化是将公开发行的公司债券由核准制修改为注册制，这是因为《证券法》在修订后对证券发行制度进行了改革，确立了证券发行注册制，本次《公司法》的修订也与《证券法》的规定保持了一致，规定公司债券的发行实行注册制。 同时，根据第十四届全国人大第一次会议通过的《国务院机构改革方案》，由中国证券监督管

新《公司法》	原《公司法》及相关规定	释义与修法解读
（四）债券利率的确定方式； （五）还本付息的期限和方式； （六）债券担保情况； （七）债券的发行价格、发行的起止日期； （八）公司净资产额； （九）已发行的尚未到期的公司债券总额； （十）公司债券的承销机构。	（四）债券利率的确定方式； （五）还本付息的期限和方式； （六）债券担保情况； （七）债券的发行价格、发行的起止日期； （八）公司净资产额； （九）已发行的尚未到期的公司债券总额； （十）公司债券的承销机构。	理委员会统一负责公司（企业）债券发行审核工作。故本条删去“国务院授权的部门”，由国务院证券监督管理机构统一注册。
第一百九十六条 【纸面债券票面的记载事项】公司以纸面形式发行公司债券的，**应当**在债券上载明公司名称、债券票面金额、利率、偿还期限等事项，并由法定代表人签名，公司盖章。	**原《公司法》第一百五十五条** 公司以实物券方式发行公司债券的，必须在债券上载明公司名称、债券票面金额、利率、偿还期限等事项，并由法定代表人签名，公司盖章。	本条是关于以纸面形式发行公司债券应载明事项的规定，条文内容无实质性修改。
第一百九十七条 【记名债券】公司债券**应当**为记名债券。	**原《公司法》第一百五十六条** 公司债券，~~可以~~为记名债券~~，也可以为无记名债券~~。	本条是关于公司债券种类的规定。 相较原规定，本条按照反洗钱有关要求，并根据我国债券发行的实际，删除了公司可以发行无记名债券的规定，以维护债券市场交易安全，与公司股票种类的规定保持一致。

新《公司法》	原《公司法》及相关规定	释义与修法解读
第一百九十八条　【公司债券持有人名册】公司发行公司债券应当置备公司债券**持有人名册**。 发行公司债券的，应当在公司债券**持有人名册**上载明下列事项： （一）债券持有人的姓名或者名称及住所； （二）债券持有人取得债券的日期及债券的编号； （三）债券总额，债券的票面金额、利率、还本付息的期限和方式； （四）债券的发行日期。	**原《公司法》第一百五十七条**　公司发行公司债券应当置备公司债券存根簿。 发行记名公司债券的，应当在公司债券存根簿上载明下列事项： （一）债券持有人的姓名或者名称及住所； （二）债券持有人取得债券的日期及债券的编号； （三）债券总额，债券的票面金额、利率、还本付息的期限和方式； （四）债券的发行日期。 ~~发行无记名公司债券的，应当在公司债券存根簿上载明债券总额、利率、偿还期限和方式、发行日期及债券的编号。~~	本条是关于公司债券持有人名册的规定。 相较原规定，本条有两处修改： 一是将公司债券存根簿修改为公司债券持有人名册；二是删除了发行无记名债券应记载相关事项的规定。
第一百九十九条　【公司债券的登记结算】公司债券的登记结算机构应当建立债券登记、存管、付息、兑付等相关制度。	**原《公司法》第一百五十八条**　~~记名~~公司债券的登记结算机构应当建立债券登记、存管、付息、兑付等相关制度。	本条是关于公司债券的登记结算机构应当建立相关制度的规定，相较原规定，删除了“记名”。

新《公司法》	原《公司法》及相关规定	释义与修法解读
第二百条 【公司债券转让】公司债券可以转让，转让价格由转让人与受让人约定。 公司债券的转让**应当符合法律、行政法规的规定**。	**原《公司法》第一百五十九条** 公司债券可以转让，转让价格由转让人与受让人约定。 公司债券<u>在证券交易所上市交易的，按照证券交易所的交易规则转让</u>。	本条是关于公司债券转让的规定，相较原规定，将按照交易规则转让修改为应当符合法律、行政法规的规定。
第二百零一条 【公司债券的转让方式】公司债券由债券持有人以背书方式或者法律、行政法规规定的其他方式转让；转让后由公司将受让人的姓名或者名称及住所记载于公司债券**持有人名册**。	**原《公司法》第一百六十条** ~~记名~~公司债券，由债券持有人以背书方式或者法律、行政法规规定的其他方式转让；转让后由公司将受让人的姓名或者名称及住所记载于公司债券~~存根簿~~。 ~~无记名公司债券的转让，由债券持有人将该债券交付给受让人后即发生转让的效力。~~	本条是关于公司债券转让方式的规定，因新法删除了无记名债券的相关规定，故本条删除了无记名债券转让的规定。
第二百零二条 【可转换公司债券的发行】股份有限公司经股东会决议，**或者经公司章程、股东会授权由董事会决议**，可以发行可转换为股票的公司债券，并规定具体的转换办法。上市公司发行可转换为股票的公司债券，应当**经**国务院证券监督管理机构**注册**。	**原《公司法》第一百六十一条** 上市公司经股东大会决议可以发行可转换为股票的公司债券，并在~~公司债券募集办法中~~规定具体的转换办法。上市公司发行可转换为股票的公司债券，应当<u>报</u>国务院证券监督管理机构<u>核准</u>。	本条是关于股份有限公司发行可转换为股票的公司债券的规定。 相较原规定，有以下主要变化： 第一，将可以发行可转换公司债券的主体从上市公司修改为所有的股份有限公司。 第二，除了经股东会决议，增加了经公司章程、股东会授权的董事会决议，也可以发行可转换公司债券的规定。

新《公司法》	原《公司法》及相关规定	释义与修法解读
发行可转换为股票的公司债券，应当在债券上标明可转换公司债券字样，并在公司债券持有人**名册**上载明可转换公司债券的数额。	发行可转换为股票的公司债券，应当在债券上标明可转换公司债券字样，并在公司债券存根簿上载明可转换公司债券的数额。	第三，将上市公司发行可转换公司债券由核准制改为注册制。
第二百零三条　【可转换公司债券的转换】发行可转换为股票的公司债券的，公司应当按照其转换办法向债券持有人换发股票，但债券持有人对转换股票或者不转换股票有选择权。**法律、行政法规另有规定的除外**。	**原《公司法》第一百六十二条**　发行可转换为股票的公司债券的，公司应当按照其转换办法向债券持有人换发股票，但债券持有人对转换股票或者不转换股票有选择权。	本条是关于可转换公司债券的转换办法及债券持有人的选择权的规定。 因本次《公司法》修订增加了类别股的规定，故本条增加了“法律、行政法规另有规定的除外”的规定。
第二百零四条　【债券持有人会议】公开发行公司债券的，应当为同期债券持有人设立债券持有人会议，并在债券募集办法中对债券持有人会议的召集程序、会议规则和其他重要事项作出规定。债券持有人会议可以对与债券持有人有利害关系的事项作出决议。 **除公司债券募集办法另有约定外，债券**	**《证券法》第九十二条第一款**　公开发行公司债券的，应当设立债券持有人会议，并应当在募集说明书中说明债券持有人会议的召集程序、会议规则和其他重要事项。	本条是关于债券持有人会议制度的规定，属于新增条文。 本条在《证券法》、交易所债券上市规则等规定的基础上，规定了公开发行债券的公司应当设立债券持有人会议，并规定了债券募集办法应规定债券持有人会议召集程序、会议规则等内容，还规定了债券持有人会议决议的效力问题。 根据本条规定，设立债券持有人会议是公开发行公司债券的强制性要求，对非公开发行的公司债券是否需要债券持有人会议

新《公司法》	原《公司法》及相关规定	释义与修法解读
持有人会议决议对同期全体债券持有人发生效力。		决议，并没有强制规定。 债券持有人会议制度的建立，以及第二百零五条、第二百零六条关于债券受托管理人的相关规定，有利于完善我国债券持有人利益保护机制，保护债券持有人的利益。
第二百零五条 【债券受托管理人】公开发行公司债券的，发行人应当为债券持有人聘请债券受托管理人，由其为债券持有人办理受领清偿、债权保全、与债券相关的诉讼以及参与债务人破产程序等事项。	**《证券法》第九十二条第二款** 公开发行公司债券的，发行人应当为债券持有人聘请债券受托管理人，并订立债券受托管理协议。受托管理人应当由本次发行的承销机构或者其他经国务院证券监督管理机构认可的机构担任，债券持有人会议可以决议变更债券受托管理人。债券受托管理人应当勤勉尽责，公正履行受托管理职责，不得损害债券持有人利益。 **第三款** 债券发行人未能按期兑付债券本息的，债券受托管理人可以接受全部或者部分债券持有人的委托，以自己名义代表债券持有人提起、参加民事诉讼或者清算程序。	本条以及第二百零六条是关于债券受托管理人制度的规定，属于新增条文。 根据本条规定，债券受托管理人是由发行人为债券持有人聘请的，债券受托管理人的主要职责是为债券持有人办理受领清偿、债权保全、与债券相关的诉讼以及参与债务人破产程序等事项，维护债券持有人利益。

新《公司法》	原《公司法》及相关规定	释义与修法解读
第二百零六条　【债券受托管理人的义务】债券受托管理人应当勤勉尽责，公正履行受托管理职责，不得损害债券持有人利益。 **受托管理人与债券持有人存在利益冲突可能损害债券持有人利益的，债券持有人会议可以决议变更债券受托管理人。** **债券受托管理人违反法律、行政法规或者债券持有人会议决议，损害债券持有人利益的，应当承担赔偿责任。**	**《证券法》第九十二条第二款**　公开发行公司债券的，发行人应当为债券持有人聘请债券受托管理人，并订立债券受托管理协议。受托管理人应当由本次发行的承销机构或者其他经国务院证券监督管理机构认可的机构担任，债券持有人会议可以决议变更债券受托管理人。债券受托管理人应当勤勉尽责，公正履行受托管理职责，不得损害债券持有人利益。	本条是关于债券受托管理人对债券持有人的信义义务的规定，属于新增条文。 根据规定，债券受托管理人虽然是由发行人聘请的，但是，债券受托管理人实质上是受债券持有人的委托来管理债券事务的，故本条第一款规定债券受托管理人应当勤勉尽责，公正履行受托管理职责，不得损害债券持有人利益。 根据本条第二款的规定，受托管理人与债券持有人存在利益冲突可能损害债券持有人利益的，债券持有人会议有权决议变更债券受托管理人。 本条第三款规定了债券受托管理人违反对债券持有人的信义义务时的责任承担。

第十章　公司财务、会计

新《公司法》	原《公司法》及相关规定	释义与修法解读
第二百零七条 【公司财务与会计制度】公司应当依照法律、行政法规和国务院财政部门的规定建立本公司的财务、会计制度。	**原《公司法》第一百六十三条**　公司应当依照法律、行政法规和国务院财政部门的规定建立本公司的财务、会计制度。	本条是关于公司应依法建立财务、会计制度的规定，条文内容未有修改。
第二百零八条 【财务会计报告】公司应当在每一会计年度终了时编制财务会计报告，并依法经会计师事务所审计。 财务会计报告应当依照法律、行政法规和国务院财政部门的规定制作。	**原《公司法》第一百六十四条**　公司应当在每一会计年度终了时编制财务会计报告，并依法经会计师事务所审计。 财务会计报告应当依照法律、行政法规和国务院财政部门的规定制作。	本条是关于公司编制年度财务会计报告要求的规定，条文内容未有修改。
第二百零九条 【财务会计报告的公示】有限责任公司应当按照公司章程规定的期限将财务会计报告送交各股东。 股份有限公司的财务会计报告应当在召开股东会年会的二十日前置备于本公司，供股	**原《公司法》第一百六十五条**　有限责任公司应当依照公司章程规定的期限将财务会计报告送交各股东。 股份有限公司的财务会计报告应当在召开股东大会年会的二十日前置备于本公司，供股东查阅；公开发行股票	本条是关于公司应依法对股东公开其财务会计报告的规定，条文内容无实质性修改。

新《公司法》	原《公司法》及相关规定	释义与修法解读
东查阅；公开发行股份的股份有限公司**应当**公告其财务会计报告。	的股份有限公司必须公告其财务会计报告。	
第二百一十条　【法定公积金与任意公积金】公司分配当年税后利润时，应当提取利润的百分之十列入公司法定公积金。公司法定公积金累计额为公司注册资本的百分之五十以上的，可以不再提取。 公司的法定公积金不足以弥补以前年度亏损的，在依照前款规定提取法定公积金之前，应当先用当年利润弥补亏损。 公司从税后利润中提取法定公积金后，经股东会决议，还可以从税后利润中提取任意公积金。 公司弥补亏损和提取公积金后所余税后利润，有限责任公司**按照股东实缴的出资比例分配利润，全体股东约定不按照出资比例分配利润的除外**；股份有限公司按照股东所持有的股份比例分配	**原《公司法》第一百六十六条**　公司分配当年税后利润时，应当提取利润的百分之十列入公司法定公积金。公司法定公积金累计额为公司注册资本的百分之五十以上的，可以不再提取。 公司的法定公积金不足以弥补以前年度亏损的，在依照前款规定提取法定公积金之前，应当先用当年利润弥补亏损。 公司从税后利润中提取法定公积金后，经股东会~~或者股东大会~~决议，还可以从税后利润中提取任意公积金。 公司弥补亏损和提取公积金后所余税后利润，有限责任公司依照本法第三十四条的规定分配；股份有限公司按照股东持有的股份比例分配，但股份有限公司章程规定不按持股比例分配的除外。	本条是关于公司利润分配的规定。 原《公司法》第三十四条关于股东按照实缴比例分红与优先认购新股的规定，修订后的《公司法》将该部分内容分别予以规定，其中第二百二十七条规定了股东按照实缴的出资比例优先认购新股，本条则规定了按照实缴的出资比例分红。 原《公司法》第一百六十六条第五款关于公司违规分配利润法律责任的规定被单独规定为一条。本条其他内容无实质性修改。

新《公司法》	原《公司法》及相关规定	释义与修法解读
利润，公司章程另有规定的除外。 公司持有的本公司股份不得分配利润。	股东会、股东大会或者董事会违反前款规定，在公司弥补亏损和提取法定公积金之前向股东分配利润的，股东必须将违反规定分配的利润退还公司。 公司持有的本公司股份不得分配利润。	
第二百一十一条　【违规分配利润的法律责任】公司违反本法规定向股东分配利润的，股东应当将违反规定分配的利润退还公司；**给公司造成损失的，股东及负有责任的董事、监事、高级管理人员应当承担赔偿责任。**	**原《公司法》第一百六十六条第五款**　股东会、股东大会或者董事会违反前款规定，在公司弥补亏损和提取法定公积金之前向股东分配利润的，股东必须将违反规定分配的利润退还公司。	本条是关于公司违规分配利润的法律后果的规定。在原《公司法》第一百六十六条第五款的基础上，单独规定成一条。相较原规定，有如下变化： 第一，本条删除了“在弥补亏损和提取法定公积金之前”的限制性条件。 第二，除了规定股东应当将违反规定分配的利润退还公司外，还增加规定了给公司造成损失的，股东及负有责任的董事、监事、高级管理人员应当承担赔偿责任。 作此修改主要有如下考量：本条前半部分规定的股东应当将违规分配的利润退还公司，仅仅规定该条责任，显然不足以涵盖所有违规分配利润行为。故本条增加规定了给公司造成损失的情况下，股东及负有责任的董事、监事、高级管理人员的赔偿责任，进一步完善了公司违规分配利润下的责任承担制度，有利于保护公司及债权人的利益。

新《公司法》	原《公司法》及相关规定	释义与修法解读
第二百一十二条　【利润分配时限】股东会作出分配利润的决议的，董事会应当在股东会决议作出之日起六个月内进行分配。	**《公司法解释五》第四条**　分配利润的股东会或者股东大会决议作出后，公司应当在决议载明的时间内完成利润分配。决议没有载明时间的，以公司章程规定的为准。决议、章程中均未规定时间或者时间超过一年的，公司应当自决议作出之日起一年内完成利润分配。	本条是关于董事会应在法定的期限内完成分配利润的期限的规定，系新增条文。 本条吸收借鉴了《公司法解释五》第四条的规定，但将应当完成利润分配的期限由股东会决议作出之日起一年内修改为六个月内，同时，删除了三审稿关于“公司章程或者股东会决议另有规定的除外”的规定，这也意味着六个月是分配利润的最长时限，公司章程或者股东会决议不得延长该时限。
第二百一十三条　【公司资本公积金】公司以超过股票票面金额的发行价格发行股份所得的溢价款、**发行无面额股所得股款未计入注册资本的金额**以及国务院财政部门规定列入资本公积金的其他项目，应当列为公司资本公积金。	**原《公司法》第一百六十七条**　~~股份有限~~公司以超过股票票面金额的发行价格发行股份所得的溢价款以及国务院财政部门规定列入资本公积金的其他收入，应当列为公司资本公积金。	本条是关于公司资本公积金构成的规定。 相较原规定，本条将主体由“股份有限公司”修改为“公司”；同时，新增了公司发行无面额股所得股款未计入注册资本的金额应当列为公司资本公积金的规定，其他内容未有实质性修改。
第二百一十四条　【公积金的用途】公司的公积金用于弥补公司的亏损、扩大公司生产经营或者转为增加公司注册资本。 **公积金弥补公司亏损，应当先使用任意公积金和法定公积金；**	**原《公司法》第一百六十八条**　公司的公积金用于弥补公司的亏损、扩大公司生产经营或者转为增加公司资本。~~但是，资本公积金不得用于弥补公司的亏损。~~ 法定公积金转为资	本条是关于公司公积金的作用的规定。 相较原规定，本条新增了可以按照规定使用资本公积金弥补公司亏损的规定，是本次《公司法》修订的亮点之一，在推动公司创新、鼓励投资方面，能起到积极的作用。 根据本条规定，公司使用资

新《公司法》	原《公司法》及相关规定	释义与修法解读
仍不能弥补的，可以按照规定使用资本公积金。 法定公积金转为**增加注册**资本时，所留存的该项公积金不得少于转增前公司注册资本的百分之二十五。	本时，所留存的该项公积金不得少于转增前公司注册资本的百分之二十五。	本公积金弥补公司亏损应当满足以下限制性条件： 第一，在使用资本公积金弥补公司亏损前，应当先使用任意公积金和法定公积金，在任意公积金和法定公积金不足以弥补亏损后，才可以使用资本公积金。 第二，资本公积金是企业非经营原因产生的利得，根据《公司法》第二百一十三条的规定，资本公积金来源多样，与公司财务会计、税收制度等密切相关，因此，哪些来源的资本公积金可以弥补亏损，如何弥补亏损，需要由国务院财政部门等有关部门出台具体的规定，公司应按照前述规定使用资本公积金弥补亏损。
第二百一十五条　【聘用、解聘会计师事务所】公司聘用、解聘承办公司审计业务的会计师事务所，按照公司章程的规定，由股东会、董事会或者监事会决定。 公司股东会、董事会或者监事会就解聘会计师事务所进行表决时，应当允许会计师事务所陈述意见。	**原《公司法》第一百六十九条**　公司聘用、解聘承办公司审计业务的会计师事务所，依照公司章程的规定，由股东会~~、股东大会~~或者董事会决定。 公司股东会~~、股东大会~~或者董事会就解聘会计师事务所进行表决时，应当允许会计师事务所陈述意见。	本条是关于公司聘用和解聘会计师事务所的规定。 相较原规定，本条新增了公司监事会可以决定聘用和解聘会计师事务所的规定，其他内容未有实质性修改。

新《公司法》	原《公司法》及相关规定	释义与修法解读
第二百一十六条　【真实提供会计资料】公司应当向聘用的会计师事务所提供真实、完整的会计凭证、会计账簿、财务会计报告及其他会计资料，不得拒绝、隐匿、谎报。	**原《公司法》第一百七十条**　公司应当向聘用的会计师事务所提供真实、完整的会计凭证、会计账簿、财务会计报告及其他会计资料，不得拒绝、隐匿、谎报。	本条是关于公司有义务向会计师事务所提供会计资料的规定，条文内容未有修改。
第二百一十七条　【会计账簿】公司除法定的会计账簿外，不得另立会计账簿。 对公司资金，不得以任何个人名义开立账户存储。	**原《公司法》第一百七十一条**　公司除法定的会计账簿外，不得另立会计账簿。 对公司资产，不得以任何个人名义开立账户存储。	本条是关于公司会计账簿和开立账户的规定，条文内容未有实质性修改。

第十一章　公司合并、分立、增资、减资

新《公司法》	原《公司法》及相关规定	释义与修法解读
第二百一十八条　【公司合并】公司合并可以采取吸收合并或者新设合并。 一个公司吸收其他公司为吸收合并，被吸收的公司解散。两个以上公司合并设立一个新的公司为新设合并，合并各方解散。	**原《公司法》第一百七十二条**　公司合并可以采取吸收合并或者新设合并。 一个公司吸收其他公司为吸收合并，被吸收的公司解散。两个以上公司合并设立一个新的公司为新设合并，合并各方解散。	本条是关于公司合并形式的规定，条文内容未有修改。
第二百一十九条　【公司简易合并】公司与其持股百分之九十以上的公司合并，被合并的公司不需经股东会决议，但应当通知其他股东，其他股东有权请求公司按照合理的价格收购其股权或者股份。 **公司合并支付的价款不超过本公司净资产百分之十的，可以不经股东会决议；但是，公司章程另有规定的除外。** **公司依照前两款规**		本条是关于公司简易合并制度的规定，属于新增条文，是本次《公司法》修订的亮点之一。 根据本条规定，公司简易合并制度包含以下要点： 第一，相较于一般意义上的公司合并，简易合并的特殊之处主要在于合并无须经股东会决议。但是不经股东会决议不代表不需要决议，而是应当经董事会决议。 第二，简易合并包括两种情况，一种是第一款规定的母子公司之间的简易合并，此处的母公司需持有子公司股份百分之九十以上；另一种是第二款规定的小规模合并，即公司合并支付的价

新《公司法》	原《公司法》及相关规定	释义与修法解读
定合并不经股东会决议的，应当经董事会决议。		款不超过本公司净资产百分之十。 第三，从条文规定的被合并的公司不需经股东会决议，但应当通知“其他股东”上看，第一款规定的母子公司之间的简易合并应该是母公司对子公司的合并，不包括子公司合并母公司的情形，也不包括新设合并。 第四，第二款规定的小规模合并是指合并方可以不经股东会决议，除非小规模合并同时符合本条第一款规定的母子公司之间的合并，否则，被合并的公司需要根据本法第六十六条的规定，经代表三分之二以上表决权的股东通过，或者根据第一百一十六条的规定，经出席会议的股东所持表决权的三分之二以上通过。 第五，为了保护被合并公司的中小股东的利益，第一款规定在母子公司之间的简易合并下，被合并公司的其他股东有权请求公司按照合理的价格收购其股权或者股份。
第二百二十条 【公司合并的程序】公司合并，应当由合并各方签订合并协议，并编制资产负债表及财产清单。公司应当自作出合并决议之日起十日内通知债权人，并于	**原《公司法》第一百七十三条** 公司合并，应当由合并各方签订合并协议，并编制资产负债表及财产清单。公司应当自作出合并决议之日起十日内通知债权人，并于三十日	本条是关于公司合并程序和债权人异议权的规定。 相较原规定，本条新增了公司可以选择在国家企业信用信息公示系统进行公告的规定，其他内容未有修改。

新《公司法》	原《公司法》及相关规定	释义与修法解读
三十日内在报纸上**或者国家企业信用信息公示系统**公告。债权人自接到通知之日起三十日内，未接到通知的自公告之日起四十五日内，可以要求公司清偿债务或者提供相应的担保。	内在报纸上公告。债权人自接到通知书之日起三十日内，未接到通知书的自公告之日起四十五日内，可以要求公司清偿债务或者提供相应的担保。	
第二百二十一条 【公司合并债权债务的承继】公司合并时，合并各方的债权、债务，应当由合并后存续的公司或者新设的公司承继。	**原《公司法》第一百七十四条** 公司合并时，合并各方的债权、债务，应当由合并后存续的公司或者新设的公司承继。	本条是关于公司合并的法律后果的规定，条文内容未有修改。
第二百二十二条 【公司分立】公司分立，其财产作相应的分割。 公司分立，应当编制资产负债表及财产清单。公司应当自作出分立决议之日起十日内通知债权人，并于三十日内在报纸上**或者国家企业信用信息公示系统**公告。	**原《公司法》第一百七十五条** 公司分立，其财产作相应的分割。 公司分立，应当编制资产负债表及财产清单。公司应当自作出分立决议之日起十日内通知债权人，并于三十日内在报纸上公告。	本条是关于公司分立程序的规定。 相较原规定，本条新增了公司可以选择在国家企业信用信息公示系统进行公告的规定，其他内容未有修改。 与第二百二十条规定的公司合并中，债权人有权要求公司清偿债务或者提供相应的担保不同，公司分立并无类似规定。这是因为，第二百二十三条规定公司分立前的债务由分立后的公司承担连带责任，故公司分立客观上不会损害公司债权人的利益。

新《公司法》	原《公司法》及相关规定	释义与修法解读
第二百二十三条　【公司分立前的债务承担】公司分立前的债务由分立后的公司承担连带责任。但是，公司在分立前与债权人就债务清偿达成的书面协议另有约定的除外。	**原《公司法》第一百七十六条**　公司分立前的债务由分立后的公司承担连带责任。但是，公司在分立前与债权人就债务清偿达成的书面协议另有约定的除外。	本条是关于公司分立前债务承担的规定，条文内容未有修改。
第二百二十四条　【公司减资】公司减少注册资本，应当编制资产负债表及财产清单。 公司应当自股东会作出减少注册资本决议之日起十日内通知债权人，并于三十日内在报纸上**或者国家企业信用信息公示系统**公告。债权人自接到通知之日起三十日内，未接到通知的自公告之日起四十五日内，有权要求公司清偿债务或者提供相应的担保。 **公司减少注册资本，应当按照股东出资或者持有股份的比例相应减少出资额或者股份，法律另有规定、有限责任公司全体股东另有约定或者股份有限公司章程另有规定的除外。**	**原《公司法》第一百七十七条**　公司需要减少注册资本时，必须编制资产负债表及财产清单。 公司应当自作出减少注册资本决议之日起十日内通知债权人，并于三十日内在报纸上公告。债权人自接到通知书之日起三十日内，未接到通知书的自公告之日起四十五日内，有权要求公司清偿债务或者提供相应的担保。	本条是关于公司减少注册资本的规定。 相较原规定，有如下变化： 第一，第二款明确了应由股东会作出减资决议，另增加了可以选择在国家企业信用信息公示系统进行公告的方式。 第二，本条第三款为新增条款，规定了公司减资应实行同比例减资，以保护中小股东的合法利益，实现股东平等。同时，本条还规定了同比例减资的除外情况，即法律、有限责任公司全体股东或者股份有限公司章程可以对非同比例减资规定或约定例外情形，以尊重公司意思自治，适应商业实践需要。

新《公司法》	原《公司法》及相关规定	释义与修法解读
第二百二十五条 【公司简易减资】公司依照本法第二百一十四条第二款的规定弥补亏损后，仍有亏损的，可以减少注册资本弥补亏损。减少注册资本弥补亏损的，公司不得向股东分配，也不得免除股东缴纳出资或者股款的义务。 **依照前款规定减少注册资本的，不适用前条第二款的规定，但应当自股东会作出减少注册资本决议之日起三十日内在报纸上或者国家企业信用信息公示系统公告。** **公司依照前两款的规定减少注册资本后，在法定公积金和任意公积金累计额达到公司注册资本百分之五十前，不得分配利润。**		本条是关于公司简易减资的规定，属于新增条文，也是本次《公司法》修订的亮点之一。 根据本条规定，简易减资制度包含以下要点： 第一，本条规定的简易减资只能用于弥补公司亏损，其与普通减资最大的区别是公司作出弥补亏损的减资决议后，仅需要将减资事宜在报纸上或者国家企业信用信息公示系统进行公告，而无须通知债权人，债权人也无权要求公司清偿债务或者提供相应的担保。 第二，在适用条件方面，公司应当先使用任意公积金和法定公积金弥补亏损，不能弥补的，可以按照规定使用资本公积金弥补亏损，仍有不足的才可以减少注册资本弥补亏损。需要注意的是，公司只是“可以”进行简易减资，而不要求强制适用。 第三，适用简易减资的限制：首先，简易减资不得向股东分配，也不得免除股东缴纳出资或者股款的义务，如果向股东分配，或者免除股东缴纳出资或者股款的义务，需要适用普通减资程序；其次，适用简易减资程序后，在法定公积金和任意公积金累计额达到公司注册资本百分之五十前，不得分配利润。

新《公司法》	原《公司法》及相关规定	释义与修法解读
第二百二十六条　【违法减资的法律后果】违反本法规定减少注册资本的，股东应当退还其收到的资金，减免股东出资的应当恢复原状；给公司造成损失的，股东及负有责任的董事、监事、高级管理人员应当承担赔偿责任。		本条是关于违法减资的法律后果的规定，属于新增条款，是本次《公司法》修订的亮点之一。 在此次《公司法》修订之前，原《公司法》仅在第一百七十七条规定了减资的法定程序及在第二百零四条规定了减资未通知或公告债权人的行政责任，并未明确规定违法减资的民事责任。司法实践中，一般参照《公司法解释三》第十三条未履行出资义务及第十四条抽逃出资的规定，判令股东承担补充赔偿责任。但是违法减资与未出资以及抽逃出资在行为主体、行为性质、法律后果等方面均有所不同，即使类推适用上述规定，通常也不会追究公司董事、高级管理人员的责任。因此，规则的缺失影响了违法减资责任的追究和公司债权人利益的保护。 本次《公司法》修订明确了违法减资的法律后果，即股东“应当退还其收到的资金”，被减免出资的股东其出资义务“应当恢复原状”，明确了违法减资行为不发生相应的法律效力。 同时，根据本条规定，给公司造成损失的，股东及负有责任的董事、监事、高级管理人员应当承担赔偿责任，维护了公司和债权人的利益，为司法实践提供了明确的法律依据。

新《公司法》	原《公司法》及相关规定	释义与修法解读
第二百二十七条　【股东的优先认购权】有限责任公司增加注册资本时，股东在**同等条件下**有权优先按照实缴的出资比例认缴出资。但是，全体股东约定不按照出资比例优先认缴出资的除外。 **股份有限公司为增加注册资本发行新股时，股东不享有优先认购权，公司章程另有规定或者股东会决议决定股东享有优先认购权的除外。**	**原《公司法》第三十四条**　股东按照实缴的出资比例分取红利；公司新增资本时，股东有权优先按照实缴的出资比例认缴出资。但是，全体股东约定不按照出资比例分取红利或者不按照出资比例优先认缴出资的除外。	本条是关于股东新股优先认购权的规定。相较原规定，有如下变化： 第一，原规定关于股东按照实缴的出资比例分配利润的部分规定于修定后的《公司法》第二百一十条。 第二，本条区分了有限责任公司和股份有限公司的不同情况，有限责任公司股东原则上有新股的优先认购权，全体股东另有约定的除外，而股份有限公司股东原则上不享有新股的优先认购权，公司章程和股东会决议另有安排的除外。 第三，本条第一款新增了“同等条件”的规定，如果公司增资是为购买公司需要的特定财产等情形，原股东没有优先认缴的权利。
第二百二十八条　【公司增资】有限责任公司增加注册资本时，股东认缴新增资本的出资，依照本法设立有限责任公司缴纳出资的有关规定执行。 股份有限公司为增加注册资本发行新股时，股东认购新股，依照本法设立股份有限公司缴纳股款的有关规定执行。	**原《公司法》第一百七十八条**　有限责任公司增加注册资本时，股东认缴新增资本的出资，依照本法设立有限责任公司缴纳出资的有关规定执行。 股份有限公司为增加注册资本发行新股时，股东认购新股，依照本法设立股份有限公司缴纳股款的有关规定执行。	本条是关于公司增加注册资本的规定，条文内容未有修改。

第十二章 公司解散和清算

新《公司法》	原《公司法》及相关规定	释义与修法解读
第二百二十九条 【公司解散原因】公司因下列原因解散： （一）公司章程规定的营业期限届满或者公司章程规定的其他解散事由出现； （二）股东会决议解散； （三）因公司合并或者分立需要解散； （四）依法被吊销营业执照、责令关闭或者被撤销； （五）人民法院依照本法第二百三十一条的规定予以解散。 **公司出现前款规定的解散事由，应当在十日内将解散事由通过国家企业信用信息公示系统予以公示。**	**原《公司法》第一百八十条** 公司因下列原因解散： （一）公司章程规定的营业期限届满或者公司章程规定的其他解散事由出现； （二）股东会~~或者股东大会~~决议解散； （三）因公司合并或者分立需要解散； （四）依法被吊销营业执照、责令关闭或者被撤销； （五）人民法院依照本法第一百八十二条的规定予以解散。	本条是关于公司解散事由的规定。 第二款是新增条款，要求公司将解散事由在规定时间内通过国家企业信用信息公示系统予以公示。 根据《企业信息公示暂行条例》第六条的规定，工商行政管理部门作出的行政处罚信息，应当通过企业信用信息公示系统进行公示。本条第一款第四项的吊销营业执照、责令关闭或者被撤销属于行政处罚，故除了公司收到该处罚决定后应按第二款规定予以公示外，作出处罚决定的部门也应进行公示。 本条其他内容未有实质性修改。
第二百三十条 【公司存续】公司有前条第一款第一项、**第二项情形，且尚未向股东分配财产的，**可以通过	**原《公司法》第一百八十一条** 公司有本法第一百八十条第（一）项情形的，可以通过修改公司章程而存续。	本条是关于通过修改公司章程或经股东会决议而使公司存续的规定。 相较原规定，有如下变化： 第一，第一款新增了经股东

新《公司法》	原《公司法》及相关规定	释义与修法解读
修改公司章程**或者经股东会决议**而存续。 依照前款规定修改公司章程**或者经股东会决议**，有限责任公司须经持有三分之二以上表决权的股东通过，股份有限公司须经出席股东会会议的股东所持表决权的三分之二以上通过。	依照前款规定修改公司章程，有限责任公司须经持有三分之二以上表决权的股东通过，股份有限公司须经出席股东大会会议的股东所持表决权的三分之二以上通过。	会决议使公司存续的方式，同时将第二百二十九条第一款第二项纳入适用情形，并且新增了“且尚未向股东分配财产”的适用条件。 第二，第二款增加了“经股东会决议”使公司存续表决通过比例的规定，以与第一款规定相呼应。 公司满足解散的条件后需要继续存续的，如果是对公司章程进行修改，根据第六十六条以及第一百一十六条的规定，为重大事项表决，有限责任公司须经持有三分之二以上表决权的股东通过，股份有限公司须经出席股东大会会议的股东所持表决权的三分之二以上通过。 在股东会作出解散公司决议的情况下，股东会作出决议使公司存续的，前述条文并未将其明确为重大表决事项。本条第二款明确了股东会作出使公司存续的决议，亦属于重大表决事项，有限责任公司须经持有三分之二以上表决权的股东通过，股份有限公司须经出席股东大会会议的股东所持表决权的三分之二以上通过。
第二百三十一条　【请求法院解散公司】公司经营管理发生严重困难，继续存续会使股东利益受到重大损失，通过其他途径不能解决的，持有公司**百分之**	**原《公司法》第一百八十二条**　公司经营管理发生严重困难，继续存续会使股东利益受到重大损失，通过其他途径不能解决的，持有公司全部股东表决权百	本条是关于人民法院强制解散公司的规定，条文内容未有实质性修改。

新《公司法》	原《公司法》及相关规定	释义与修法解读
十以上表决权的股东，可以请求人民法院解散公司。	分之十以上的股东，可以请求人民法院解散公司。	
第二百三十二条　【清算组及清算义务人】公司因本法第二百二十九条第一款第一项、第二项、第四项、第五项规定而解散的，应当清算。**董事为公司清算义务人，**应当在解散事由出现之日起十五日内组成清算组进行清算。 **清算组由董事组成，但是公司章程另有规定或者股东会决议另选他人的除外。** **清算义务人未及时履行清算义务，给公司或者债权人造成损失的，应当承担赔偿责任。**	**原《公司法》第一百八十三条**　公司因本法第一百八十条第（一）项、第（二）项、第（四）项、第（五）项规定而解散的，应当在解散事由出现之日起十五日内成立清算组，开始清算。有限责任公司的清算组由股东组成，股份有限公司的清算组由董事或者股东大会确定的人员组成。逾期不成立清算组进行清算的，债权人可以申请人民法院指定有关人员组成清算组进行清算。人民法院应当受理该申请，并及时组织清算组进行清算。 **《民法典》第七十条**　法人解散的，除合并或者分立的情形外，清算义务人应当及时组成清算组进行清算。 法人的董事、理事等执行机构或者决策机构的成员为清算义务人。法律、行政法规另有规定的，依照其规定。	本条是关于清算义务人及其责任以及清算组组成的规定。 相较原规定，本条有重大变化，具体而言： 第一，明确董事为公司清算义务人，负有在解散事由出现之日起十五日内组成清算组进行清算的义务。 董事作为公司的经营管理者，最了解公司的财务状况及公司的运行状况，要求其承担清算义务具有职权上的便利性，可以有效防止公司财产的流失，进而保护债权人等利害关系人的利益。相较于股东，公司董事更适合担任清算义务人。 第二，修改后，《公司法》规定的清算义务人与《民法典》规定的清算义务人保持一致。 第三，关于清算组的组成，相较原规定区分有限责任公司和股份有限公司的不同，按照原规定，有限责任公司的清算组由股东组成，股份有限公司的清算组由董事和控股股东组成，本条统一确定公司清算组原则上由董事组成，以公司章程另有规定或者股东会决议另选他人为例外。 第四，新增第三款清算义务人未及时履行清算义务的责任的

新《公司法》	原《公司法》及相关规定	释义与修法解读
	清算义务人未及时履行清算义务，造成损害的，应当承担民事责任；主管机关或者利害关系人可以申请人民法院指定有关人员组成清算组进行清算。 **《公司法解释二》第十八条** 有限责任公司的股东、股份有限公司的董事和控股股东未在法定期限内成立清算组开始清算，导致公司财产贬值、流失、毁损或者灭失，债权人主张其在造成损失范围内对公司债务承担赔偿责任的，人民法院应依法予以支持。 有限责任公司的股东、股份有限公司的董事和控股股东因怠于履行义务，导致公司主要财产、账册、重要文件等灭失，无法进行清算，债权人主张其对公司债务承担连带清偿责任的，人民法院应依法予以支持。 上述情形系实际控制人原因造成，债权人主张实际控制人对公司债务承担相应民事责任的，人民法院应依法予以支持。	规定。 根据该款的规定，清算义务人承担责任的构成如下：(1)清算义务人未及时履行本条第一款规定的清算义务；(2)清算义务人未及时履行清算义务给公司或者债权人造成损失；(3)不同于《公司法解释二》规定的清算义务人应承担连带清偿责任，本条规定清算义务人承担的是赔偿责任。

新《公司法》	原《公司法》及相关规定	释义与修法解读
第二百三十三条　【申请法院指定清算组】公司依照前条第一款的规定应当清算，逾期不成立清算组进行清算**或者成立清算组后不清算的，利害关系人**可以申请人民法院指定有关人员组成清算组进行清算。人民法院应当受理该申请，并及时组织清算组进行清算。 **公司因本法第二百二十九条第一款第四项的规定而解散的，作出吊销营业执照、责令关闭或者撤销决定的部门或者公司登记机关，可以申请人民法院指定有关人员组成清算组进行清算。**	**原《公司法》第一百八十三条**　公司因本法第一百八十条第（一）项、第（二）项、第（四）项、第（五）项规定而解散的，应当在解散事由出现之日起十五日内成立清算组，开始清算。有限责任公司的清算组由股东组成，股份有限公司的清算组由董事或者股东大会确定的人员组成。逾期不成立清算组进行清算的，债权人可以申请人民法院指定有关人员组成清算组进行清算。人民法院应当受理该申请，并及时组织清算组进行清算。	本条是关于清算义务人逾期不成立清算组的情况下，相关主体可以申请人民法院指定清算组的规定。 相较原规定，主要有两处修改： 第一，增加成立清算组后不清算的规定，并将逾期不成立清算组进行清算或者成立清算组后不清算下可以申请法院指定清算组进行清算的申请人由“债权人”修改为“利害关系人”，扩大了申请人的范围。 第二，新增第二款规定，因被吊销营业执照、责令关闭或者被撤销而解散的，可以由作出决定的部门或者公司登记机关申请法院指定清算组进行清算。
第二百三十四条　【清算组的职权】清算组在清算期间行使下列职权： （一）清理公司财产，分别编制资产负债表和财产清单； （二）通知、公告债权人； （三）处理与清算有关的公司未了结的业务；	**原《公司法》第一百八十四条**　清算组在清算期间行使下列职权： （一）清理公司财产，分别编制资产负债表和财产清单； （二）通知、公告债权人； （三）处理与清算有关的公司未了结的业务；	本条是关于清算组职权的规定，条文内容未有实质性修改。

新《公司法》	原《公司法》及相关规定	释义与修法解读
（四）清缴所欠税款以及清算过程中产生的税款； （五）清理债权、债务； （六）**分配**公司清偿债务后的剩余财产； （七）代表公司参与民事诉讼活动。	（四）清缴所欠税款以及清算过程中产生的税款； （五）清理债权、债务； （六）处理公司清偿债务后的剩余财产； （七）代表公司参与民事诉讼活动。	
第二百三十五条　【债权人申报债权】清算组应当自成立之日起十日内通知债权人，并于六十日内在报纸上**或者国家企业信用信息公示系统**公告。债权人应当自接到通知之日起三十日内，未接到通知的自公告之日起四十五日内，向清算组申报其债权。 债权人申报债权，应当说明债权的有关事项，并提供证明材料。清算组应当对债权进行登记。 在申报债权期间，清算组不得对债权人进行清偿。	**原《公司法》第一百八十五条**　清算组应当自成立之日起十日内通知债权人，并于六十日内在报纸上公告。债权人应当自接到通知书之日起三十日内，未接到通知书的自公告之日起四十五日内，向清算组申报其债权。 债权人申报债权，应当说明债权的有关事项，并提供证明材料。清算组应当对债权进行登记。 在申报债权期间，清算组不得对债权人进行清偿。	本条是关于清算组负有通知债权人并公告的义务及债权人在法定时间内申报债权的规定。 除了新增可以在国家企业信用信息公示系统进行公告的规定，其他内容未有实质性修改。

新《公司法》	原《公司法》及相关规定	释义与修法解读
第二百三十六条 【清算程序】清算组在清理公司财产、编制资产负债表和财产清单后，应当制**订**清算方案，并报股东会或者人民法院确认。 公司财产在分别支付清算费用、职工的工资、社会保险费用和法定补偿金，缴纳所欠税款，清偿公司债务后的剩余财产，有限责任公司按照股东的出资比例分配，股份有限公司按照股东持有的股份比例分配。 清算期间，公司存续，但不得开展与清算无关的经营活动。公司财产在未依照前款规定清偿前，不得分配给股东。	**原《公司法》第一百八十六条**　清算组在清理公司财产、编制资产负债表和财产清单后，应当制定清算方案，并报股东会~~、股东大会~~或者人民法院确认。 公司财产在分别支付清算费用、职工的工资、社会保险费用和法定补偿金，缴纳所欠税款，清偿公司债务后的剩余财产，有限责任公司按照股东的出资比例分配，股份有限公司按照股东持有的股份比例分配。 清算期间，公司存续，但不得开展与清算无关的经营活动。公司财产在未依照前款规定清偿前，不得分配给股东。	本条是关于清算程序的规定，条文内容未有实质性修改。
第二百三十七条 【破产申请】清算组在清理公司财产、编制资产负债表和财产清单后，发现公司财产不足清偿债务的，应当依法向人民法院申请**破产清算**。 **人民法院受理破产申请后，**清算组应当将清算事务移交给人民法院**指定的破产管理人**。	**原《公司法》第一百八十七条**　清算组在清理公司财产、编制资产负债表和财产清单后，发现公司财产不足清偿债务的，应当依法向人民法院申请宣告破产。 公司经人民法院裁定宣告破产后，清算组应当将清算事务移交给人民法院。	本条是关于公司解散清算转化为破产清算的规定。 相较原规定，有如下变化： 第一，申请破产清算、受理破产申请、宣告破产等概念的含义并不相同，原规定没有很好地进行区分，本条对此进行了修改。 第二，将清算事务移交给人民法院修改为移交给人民法院指定的破产管理人，更符合实际情况和破产程序。

新《公司法》	原《公司法》及相关规定	释义与修法解读
第二百三十八条 【清算组成员的义务与责任】清算组成员履行清算职责，负有忠实义务和勤勉义务。 **清算组成员怠于履行清算职责，给公司造成损失的，应当承担赔偿责任；**因故意或者重大过失给债权人造成损失的，应当承担赔偿责任。	**原《公司法》第一百八十九条** 清算组成员应当忠于职守，依法履行清算义务。 ~~清算组成员不得利用职权收受贿赂或者其他非法收入，不得侵占公司财产。~~ 清算组成员因故意或者重大过失给公司或者债权人造成损失的，应当承担赔偿责任。	本条是关于清算组成员在清算中的义务和责任的规定。 相较原规定，有如下变化： 第一，本条新增清算组成员负有忠实义务和勤勉义务的规定，这是因为，修改后的《公司法》规定清算组由董事组成，因此董事的忠实、勤勉义务理应同等适用于清算组成员。 第二，本条新增“清算组成员怠于履行清算职责，给公司造成损失的，应当承担赔偿责任”的规定，进一步完善了清算责任制度。
第二百三十九条 【公司注销】公司清算结束后，清算组应当制作清算报告，报股东会或者人民法院确认，并报送公司登记机关，申请注销公司登记。	**原《公司法》第一百八十八条** 公司清算结束后，清算组应当制作清算报告，报股东会~~、股东大会~~或者人民法院确认，并报送公司登记机关，申请注销公司登记~~，公告公司终止~~。	本条是关于公司注销的规定。 相较原规定，删除了“公告公司终止”的规定。 这是因为，清算组制作的清算报告报股东会或者人民法院确认后，清算组向公司登记机关申请注销公司登记已是公司清算组的最后一项工作，公司登记机关注销公司登记后，公司法人资格即告消灭，无须清算组再另行“公告公司终止”。
第二百四十条 【简易注销公司登记】公司在存续期间未产生债务，或者已清偿全部债务的，经全体股东承诺，可以按照规定通过简易程序注销公司登记。 **通过简易程序注**		本条是关于简易注销登记的规定，属于新增条文，是本次《公司法》修订的亮点之一。 简易注销登记作为市场主体退出制度的重要内容已在全国推行数年，本次《公司法》修订将简易注销登记制度上升至法律层面，有利于进一步提升市场主体的退出效率，降低退出成本，减少

新《公司法》	原《公司法》及相关规定	释义与修法解读
销公司登记，应当通过国家企业信用信息公示系统予以公告，公告期限不少于二十日。公告期限届满后，未有异议的，公司可以在二十日内向公司登记机关申请注销公司登记。 **公司通过简易程序注销公司登记，股东对本条第一款规定的内容承诺不实的，应当对注销登记前的债务承担连带责任。**		僵尸企业数量，提高社会资源利用效率。 根据本条规定，简易注销登记制度的主要内容如下： 第一，简易注销登记制度的适用条件为公司在存续期间未产生债务，或者已清偿全部债务。《公司法》并未规定不得适用简易注销程序的情形，但是根据《市场主体登记管理条例》第三十三条第四款的规定，市场主体注销依法须经批准的，或者市场主体被吊销营业执照、责令关闭、撤销，或者被列入经营异常名录的，不适用简易注销程序。 第二，本条第二款规定了简易注销登记制度的适用程序，相较一般注销登记，简易注销公告期限短，无须组成清算组进行清算，无须通知债权人。 第三，根据第三款的规定，股东对公司已清偿全部债务承诺不实的，应对注销登记前的债务承担连带责任。这是比修订后的《公司法》规定的普通注销制度下清算义务人及清算组成员的清算责任更重的责任，以避免股东通过简易注销逃避债务，损害公司债权人的利益。

新《公司法》	原《公司法》及相关规定	释义与修法解读
第二百四十一条 【强制注销登记】公司被吊销营业执照、责令关闭或者被撤销，满三年未向公司登记机关申请注销公司登记的，公司登记机关可以通过国家企业信用信息公示系统予以公告，公告期限不少于六十日。公告期限届满后，未有异议的，公司登记机关可以注销公司登记。 **依照前款规定注销公司登记的，原公司股东、清算义务人的责任不受影响。**		本条是关于强制注销登记制度的规定，属于新增条文。 根据本条规定，强制注销登记制度的主要内容如下： 第一，强制注销登记制度适用的情形是公司被吊销营业执照、责令关闭或者被撤销，满三年未向公司登记机关申请公司注销登记的。本条未规定的其他情形不适用强制注销登记制度。 第二，公告期满后，未有异议的，公司登记机关才可以注销公司登记，如果有异议，不适用该制度。 第三，适用该制度注销公司登记的，不影响公司股东、清算义务人的责任承担。公司股东的责任是指股东的出资责任，除非股东符合人格否认情形，否则不对公司债务承担连带责任。清算义务人的责任是未按照第二百三十二条规定履行清算义务给公司或者债权人造成损失的赔偿责任。
第二百四十二条 【公司破产】公司被依法宣告破产的，依照有关企业破产的法律实施破产清算。	**原《公司法》第一百九十条** 公司被依法宣告破产的，依照有关企业破产的法律实施破产清算。	本条是关于公司破产清算的法律适用的规定，条文内容未有修改。

第十三章　外国公司的分支机构

新《公司法》	原《公司法》及相关规定	释义与修法解读
		本章的条文在涉及“境内”“境外”的语境时，在表述上统一将“中国”调整为“中华人民共和国”；法条中的“必须”调整为“应当”，其他条文内容未有实质性修改。
第二百四十三条　【外国公司的概念】本法所称外国公司，是指依照外国法律在**中华人民共和国**境外设立的公司。	**原《公司法》第一百九十一条**　本法所称外国公司是指依照外国法律在中国境外设立的公司。	本条是关于外国公司的概念的规定，内容未有实质性修改。
第二百四十四条　【外国公司分支机构的设立程序】外国公司在**中华人民共和国**境内设立分支机构，**应当**向中国主管机关提出申请，并提交其公司章程、所属国的公司登记证书等有关文件，经批准后，向公司登记机关依法办理登记，领取营业执照。 外国公司分支机构的审批办法由国务院另行规定。	**原《公司法》第一百九十二条**　外国公司在中国境内设立分支机构，必须向中国主管机关提出申请，并提交其公司章程、所属国的公司登记证书等有关文件，经批准后，向公司登记机关依法办理登记，领取营业执照。 外国公司分支机构的审批办法由国务院另行规定。	本条是关于外国公司分支机构设立程序的规定，内容未有实质性修改。

新《公司法》	原《公司法》及相关规定	释义与修法解读
第二百四十五条 【外国公司分支机构的设立条件】外国公司在**中华人民共和国**境内设立分支机构，**应当**在**中华人民共和国**境内指定负责该分支机构的代表人或者代理人，并向该分支机构拨付与其所从事的经营活动相适应的资金。 对外国公司分支机构的经营资金需要规定最低限额的，由国务院另行规定。	**原《公司法》第一百九十三条** 外国公司在中国境内设立分支机构，必须在中国境内指定负责该分支机构的代表人或者代理人，并向该分支机构拨付与其所从事的经营活动相适应的资金。 对外国公司分支机构的经营资金需要规定最低限额的，由国务院另行规定。	本条是关于外国公司分支机构设立条件的规定，条文内容未有实质性修改。
第二百四十六条 【外国公司分支机构的名称】外国公司的分支机构应当在其名称中标明该外国公司的国籍及责任形式。 外国公司的分支机构应当在本机构中置备该外国公司章程。	**原《公司法》第一百九十四条** 外国公司的分支机构应当在其名称中标明该外国公司的国籍及责任形式。 外国公司的分支机构应当在本机构中置备该外国公司章程。	本条是关于外国公司分支机构的名称和章程的规定，条文内容未有修改。
第二百四十七条 【外国公司分支机构的法律地位】外国公司在**中华人民共和国**境内设立的分支机构不具有中国法人资格。 外国公司对其分支机构在**中华人民共和**	**原《公司法》第一百九十五条** 外国公司在中国境内设立的分支机构不具有中国法人资格。 外国公司对其分支机构在中国境内进行经营活动承担民事责任。	本条是关于外国公司分支机构的法律地位的规定，条文内容未有实质性修改。

新《公司法》	原《公司法》及相关规定	释义与修法解读
国境内进行经营活动承担民事责任。		
第二百四十八条　【外国公司分支机构的活动原则】经批准设立的外国公司分支机构，在**中华人民共和国**境内从事业务活动，应当遵守中国的法律，不得损害中国的社会公共利益，其合法权益受中国法律保护。	**原《公司法》第一百九十六条**　经批准设立的外国公司分支机构，在中国境内从事业务活动，必须遵守中国的法律，不得损害中国的社会公共利益，其合法权益受中国法律保护。	本条是关于外国公司分支机构的活动原则的规定，条文内容未有实质性修改。
第二百四十九条　【外国公司分支机构的撤销与清算】外国公司撤销其在**中华人民共和国**境内的分支机构时，**应当**依法清偿债务，依照本法有关公司清算程序的规定进行清算。未清偿债务之前，不得将其分支机构的财产转移至**中华人民共和国**境外。	**原《公司法》第一百九十七条**　外国公司撤销其在中国境内的分支机构时，必须依法清偿债务，依照本法有关公司清算程序的规定进行清算。未清偿债务之前，不得将其分支机构的财产移至中国境外。	本条是关于外国公司分支机构的撤销与清算的规定，条文内容未有实质性修改。

第十四章　法律责任

新《公司法》	原《公司法》及相关规定	释义与修法解读
		本章集中规定了违反《公司法》的规定所应承担的公法责任，包括行政责任与刑事责任，不包含民事责任的内容。
第二百五十条　【虚报注册资本的法律责任】违反本法规定，虚报注册资本、提交虚假材料或者采取其他欺诈手段隐瞒重要事实取得公司登记的，由公司登记机关责令改正，对虚报注册资本的公司，处以虚报注册资本金额百分之五以上百分之十五以下的罚款；对提交虚假材料或者采取其他欺诈手段隐瞒重要事实的公司，处以**五万元以上二百万元以下**的罚款；情节严重的，吊销营业执照；**对直接负责的主管人员和其他直接责任人员处以三万元以上三十万元以下的罚款。**	**原《公司法》第一百九十八条**　违反本法规定，虚报注册资本、提交虚假材料或者采取其他欺诈手段隐瞒重要事实取得公司登记的，由公司登记机关责令改正，对虚报注册资本的公司，处以虚报注册资本金额百分之五以上百分之十五以下的罚款；对提交虚假材料或者采取其他欺诈手段隐瞒重要事实的公司，处以五万元以上五十万元以下的罚款；情节严重的，撤销公司登记或者吊销营业执照。	本条是关于欺诈取得公司登记这一违法行为的法律责任的规定。 相较原规定，本条对提交虚假材料或者采取其他欺诈手段隐瞒重要事实的公司的罚款数额进行了调整，将罚款数额修改为五万元以上二百万元以下；对于情节严重的，除了在公司登记一章第三十九条单独规定撤销公司登记外，还新增了对公司及直接负责的主管人员和其他直接责任人员处以罚款的规定。

新《公司法》	原《公司法》及相关规定	释义与修法解读
第二百五十一条 【未依法公示的法律责任】公司未依照本法第四十条规定公示有关信息或者不如实公示有关信息的，由公司登记机关责令改正，可以处以一万元以上五万元以下的罚款。情节严重的，处以五万元以上二十万元以下的罚款；对直接负责的主管人员和其他直接责任人员处以一万元以上十万元以下的罚款。		本条是关于公司未按规定公示或者不如实公示出资等有关信息的法律责任的规定，为新增条文。
第二百五十二条 【虚假出资的法律责任】公司的发起人、股东虚假出资，未交付或者未按期交付作为出资的货币或者非货币财产的，由公司登记机关责令改正，可以处以五万元以上二十万元以下的罚款；**情节严重的，**处以虚假出资或者未出资金额百分之五以上百分之十五以下的罚款；**对直接负责的主管人员和其他直接责任人员处以一万元以上十万元以下的罚款。**	**原《公司法》第一百九十九条** 公司的发起人、股东虚假出资，未交付或者未按期交付作为出资的货币或者非货币财产的，由公司登记机关责令改正，处以虚假出资金额百分之五以上百分之十五以下的罚款。	本条是关于虚假出资法律责任的规定，区分了不同虚假出资情节的不同罚款，新增了对直接负责的主管人员和其他直接责任人员处以罚款的规定。

新《公司法》	原《公司法》及相关规定	释义与修法解读
第二百五十三条 【抽逃出资的法律责任】公司的发起人、股东在公司成立后，抽逃其出资的，由公司登记机关责令改正，处以所抽逃出资金额百分之五以上百分之十五以下的罚款；**对直接负责的主管人员和其他直接责任人员处以三万元以上三十万元以下的罚款**。	**原《公司法》第二百条** 公司的发起人、股东在公司成立后，抽逃其出资的，由公司登记机关责令改正，处以所抽逃出资金额百分之五以上百分之十五以下的罚款。	本条是关于抽逃出资法律责任的规定，新增了对直接负责的主管人员和其他直接责任人员处以罚款的规定。
第二百五十四条 【另立会计账簿及提供虚假财会报告的法律责任】有下列行为之一的，由县级以上人民政府财政部门**依照《中华人民共和国会计法》等法律、行政法规的规定**处罚： （一）在法定的会计账簿以外另立会计账簿； （二）提供存在虚假记载或者隐瞒重要事实的财务会计报告。	**原《公司法》第二百零一条** 公司违反本法规定，在法定的会计账簿以外另立会计账簿的，由县级以上人民政府财政部门责令改正，处以五万元以上五十万元以下的罚款。 **第二百零二条** 公司在依法向有关主管部门提供的财务会计报告等材料上作虚假记载或者隐瞒重要事实的，由有关主管部门对直接负责的主管人员和其他直接责任人员处以三万元以上三十万元以下的罚款。	本条是关于违反公司财务管理制度另立会计账簿、提交财务会计报告违法的法律责任的规定。 相较原规定，有如下变化： 第一，删除了违法提取法定公积金的法律责任的规定。 第二，将违反公司财务管理制度另立会计账簿、提交财务会计报告违法的处罚主体都确定为县级以上人民政府财政部门。 第三，不再规定具体的处罚方式，改而规定按照《会计法》等法律、行政法规的规定处罚。

新《公司法》	原《公司法》及相关规定	释义与修法解读
	~~第二百零三条　【违法提取法定公积金的法律责任】公司不依照本法规定提取法定公积金的，由县级以上人民政府财政部门责令如数补足应当提取的金额，可以对公司处以二十万元以下的罚款。~~	
第二百五十五条　【公司合并、分立、减资、清算中违法行为的法律责任】公司在合并、分立、减少注册资本或者进行清算时，不依照本法规定通知或者公告债权人的，由公司登记机关责令改正，对公司处以一万元以上十万元以下的罚款。	**原《公司法》第二百零四条第一款**　公司在合并、分立、减少注册资本或者进行清算时，不依照本法规定通知或者公告债权人的，由公司登记机关责令改正，对公司处以一万元以上十万元以下的罚款。	本条是关于公司在合并、分立、减少注册资本或者进行清算时不告知债权人的法律责任，条文内容未有修改。
第二百五十六条　【妨害清算行为的法律责任】公司在进行清算时，隐匿财产，对资产负债表或者财产清单作虚假记载，或者在未清偿债务前分配公司财产的，由公司登记机关责令改正，对公司处以隐匿财产或者未清偿债务前分配公司财产金额百分之五以上	**原《公司法》第二百零四条第二款**　公司在进行清算时，隐匿财产，对资产负债表或者财产清单作虚假记载或者在未清偿债务前分配公司财产的，由公司登记机关责令改正，对公司处以隐匿财产或者未清偿债务前分配公司财产金额百分之五以上百分之十以下的罚款；对	本条是关于妨害清算行为的法律责任，条文内容未有修改。

新《公司法》	原《公司法》及相关规定	释义与修法解读
百分之十以下的罚款；对直接负责的主管人员和其他直接责任人员处以一万元以上十万元以下的罚款。	直接负责的主管人员和其他直接责任人员处以一万元以上十万元以下的罚款。	
第二百五十七条 【资产评估、验资或者验证机构违法的法律责任】承担资产评估、验资或者验证的机构提供虚假材料或者提供有重大遗漏的报告的，**由有关部门依照《中华人民共和国资产评估法》、《中华人民共和国注册会计师法》等法律、行政法规的规定处罚**。 承担资产评估、验资或者验证的机构因其出具的评估结果、验资或者验证证明不实，给公司债权人造成损失的，除能够证明自己没有过错的外，在其评估或者证明不实的金额范围内承担赔偿责任。	**原《公司法》第二百零七条** 承担资产评估、验资或者验证的机构提供虚假材料的，由公司登记机关没收违法所得，处以违法所得一倍以上五倍以下的罚款，并可以由有关主管部门依法责令该机构停业、吊销直接责任人员的资格证书，吊销营业执照。 承担资产评估、验资或者验证的机构因过失提供有重大遗漏的报告的，由公司登记机关责令改正，情节较重的，处以所得收入一倍以上五倍以下的罚款，并可以由有关主管部门依法责令该机构停业、吊销直接责任人员的资格证书，吊销营业执照。 承担资产评估、验资或者验证的机构因其出具的评估结果、验资或者验证证明不实，给公司债权人造成损失的，	本条是关于承担资产评估、验资或者验证的机构提供虚假材料或出具报告重大失实的法律责任的规定。 相较原规定，本条不再规定具体的处罚主体和处罚方式，改而规定由有关部门按照《资产评估法》《注册会计师法》等法律、行政法规的规定处罚。

新《公司法》	原《公司法》及相关规定	释义与修法解读
	除能够证明自己没有过错的外，在其评估或者证明不实的金额范围内承担赔偿责任。	
第二百五十八条　【公司登记机关违法的法律责任】公司登记机关**违反法律、行政法规规定未履行职责或者履行职责不当的，对负有责任的领导人员和直接责任人员依法给予政务处分**。	**原《公司法》第二百零八条**　公司登记机关对不符合本法规定条件的登记申请予以登记，或者对符合本法规定条件的登记申请不予登记的，对直接负责的主管人员和其他直接责任人员，依法给予行政处分。 **第二百零九条**　公司登记机关的上级部门强令公司登记机关对不符合本法规定条件的登记申请予以登记，或者对符合本法规定条件的登记申请不予登记的，或者对违法登记进行包庇的，对直接负责的主管人员和其他直接责任人员依法给予行政处分。	本条是关于公司登记机关在公司登记中的违法行为及其法律责任的规定，为新增条文。相较原《公司法》第二百零八条、第二百零九条的规定，本条将给予“行政处分”修改为给予“政务处分”，且条文内容更加简洁。
第二百五十九条　【假冒公司名义的法律责任】未依法登记为有限责任公司或者股份有限公司，而冒用有限责任公司或者股份有限公司名义的，或者未依法登记为有限责	**原《公司法》第二百一十条**　未依法登记为有限责任公司或者股份有限公司，而冒用有限责任公司或者股份有限公司名义的，或者未依法登记为有限责任公司或者股份有限公司	本条是关于冒用公司及其分公司名义的行为及其法律责任的规定，条文内容未有修改。

新《公司法》	原《公司法》及相关规定	释义与修法解读
任公司或者股份有限公司的分公司，而冒用有限责任公司或者股份有限公司的分公司名义的，由公司登记机关责令改正或者予以取缔，可以并处十万元以下的罚款。	的分公司，而冒用有限责任公司或者股份有限公司的分公司名义的，由公司登记机关责令改正或者予以取缔，可以并处十万元以下的罚款。	
第二百六十条　【逾期开业、停业及不依法办理变更登记的法律责任】公司成立后无正当理由超过六个月未开业的，或者开业后自行停业连续六个月以上的，公司登记机关可以吊销营业执照，**但公司依法办理歇业的除外**。 公司登记事项发生变更时，未依照本法规定办理有关变更登记的，由公司登记机关责令限期登记；逾期不登记的，处以一万元以上十万元以下的罚款。	**原《公司法》第二百一十一条**　公司成立后无正当理由超过六个月未开业的，或者开业后自行停业连续六个月以上的，可以由公司登记机关吊销营业执照。 公司登记事项发生变更时，未依照本法规定办理有关变更登记的，由公司登记机关责令限期登记；逾期不登记的，处以一万元以上十万元以下的罚款。	本条是关于逾期开业、擅自停业、不依法办理变更登记的法律责任的规定。 相较原规定，新增了公司依法办理歇业的除外规定。 这是因为，根据《市场主体登记管理条例》第三十条的规定，市场主体可以自主决定歇业不超过3年，故公司依法办理歇业的不属于擅自停业。
第二百六十一条　【外国公司擅自设立分支机构的法律责任】外国公司违反本法规定，擅自在**中华人民共和国**境内设立分	**原《公司法》第二百一十二条**　外国公司违反本法规定，擅自在中国境内设立分支机构的，由公司登记机关责令改正或者关闭，可以	本条是关于外国公司擅自在中国境内设立分支机构的法律责任的规定，内容未有实质性修改。

新《公司法》	原《公司法》及相关规定	释义与修法解读
支机构的，由公司登记机关责令改正或者关闭，可以并处五万元以上二十万元以下的罚款。	并处五万元以上二十万元以下的罚款。	
第二百六十二条 【严重违法行为的法律责任】利用公司名义从事危害国家安全、社会公共利益的严重违法行为的，吊销营业执照。	**原《公司法》第二百一十三条** 利用公司名义从事危害国家安全、社会公共利益的严重违法行为的，吊销营业执照。	本条是关于利用公司名义从事严重违法行为的法律责任的规定，内容未有修改。
第二百六十三条 【民事赔偿优先】公司违反本法规定，应当承担民事赔偿责任和缴纳罚款、罚金的，其财产不足以支付时，先承担民事赔偿责任。	**原《公司法》第二百一十四条** 公司违反本法规定，应当承担民事赔偿责任和缴纳罚款、罚金的，其财产不足以支付时，先承担民事赔偿责任。	本条是关于公司违法承担民事赔偿责任优先原则的规定，内容未有修改。
第二百六十四条 【刑事责任】违反本法规定，构成犯罪的，依法追究刑事责任。	**原《公司法》第二百一十五条** 违反本法规定，构成犯罪的，依法追究刑事责任。	本条是关于违反《公司法》有关规定的刑事责任的规定，内容未有修改。

第十五章　附　　则

新《公司法》	原《公司法》及相关规定	释义与修法解读
第二百六十五条　【本法相关用语的含义】 本法下列用语的含义： （一）高级管理人员，是指公司的经理、副经理、财务负责人，上市公司董事会秘书和公司章程规定的其他人员。 （二）控股股东，是指其出资额占有限责任公司资本总额**超过百分之五十**或者其持有的股份占股份有限公司股本总额**超过百分之五十**的股东；出资额或者持有股份的比例虽然低于百分之五十，但依其出资额或者持有的股份所享有的表决权已足以对股东会的决议产生重大影响的股东。 （三）实际控制人，是指通过投资关系、协议或者其他安排，能够实际支配公司行为的人。	**原《公司法》第二百一十六条**　本法下列用语的含义： （一）高级管理人员，是指公司的经理、副经理、财务负责人，上市公司董事会秘书和公司章程规定的其他人员。 （二）控股股东，是指其出资额占有限责任公司资本总额<u>百分之五十以上</u>或者其持有的股份占股份有限公司股本总额<u>百分之五十以上</u>的股东；出资额或者持有股份的比例虽然不足百分之五十，但依其出资额或者持有的股份所享有的表决权已足以对股东会、股东大会的决议产生重大影响的股东。 （三）实际控制人，是指~~虽不是公司的股东，但~~通过投资关系、协议或者其他安排，能够实际支配公司行为的人。	本条是关于《公司法》中高级管理人员、控股股东、实际控制人、关联关系等用语的含义的规定。 相较原规定，有两处修改： 第一，将控股股东出资额占有限责任公司资本总额“百分之五十以上”或者其持有的股份占股份有限公司股本总额“百分之五十以上”，修改为持股“超过百分之五十”。因为根据《民法典》第一千二百五十九条的规定，“以上”包括本数，原规定在适用上可能产生争议，“超过百分之五十”则不包括本数，修改后的规定的表述更为准确。 第二，本条将实际控制人界定为“是指通过投资关系、协议或者其他安排，能够实际支配公司行为的人”，删除了原规定“虽不是公司的股东”的表述。这是因为，直接持有的股份达不到控股股东要求的比例，但通过投资关系、协议或者其他安排，能够实际支配公司行为的自然人、法人或者其他组织，显然属于实际控制人。

新《公司法》	原《公司法》及相关规定	释义与修法解读
（四）关联关系，是指公司控股股东、实际控制人、董事、监事、高级管理人员与其直接或者间接控制的企业之间的关系，以及可能导致公司利益转移的其他关系。但是，国家控股的企业之间不仅因为同受国家控股而具有关联关系。	（四）关联关系，是指公司控股股东、实际控制人、董事、监事、高级管理人员与其直接或者间接控制的企业之间的关系，以及可能导致公司利益转移的其他关系。但是，国家控股的企业之间不仅因为同受国家控股而具有关联关系。	证券实务中也持同样观点，如《深圳证券交易所股票上市规则》（2023 年 8 月修订）规定，实际控制人：指通过投资关系、协议或者其他安排，能够实际支配公司行为的自然人、法人或者其他组织，并未将具有股东身份排除在实际控制人范畴外。本次修订，有利于更好地界定实际控制人。
第二百六十六条　【施行日期及出资期限过渡期】本法自 2024 年 7 月 1 日起施行。 **本法施行前已登记设立的公司，出资期限超过本法规定的期限的，除法律、行政法规或者国务院另有规定外，应当逐步调整至本法规定的期限以内；对于出资期限、出资额明显异常的，公司登记机关可以依法要求其及时调整。具体实施办法由国务院规定。**		本条第二款为新增条文，规定本法施行前登记设立的公司，出资期限超过本法规定的期限的，除法律、行政法规或者国务院另有规定外，应当逐步调整至第四十七条规定的五年最长出资期限以内；对于出资期限、出资额明显异常的，公司登记机关可以依法要求其及时调整。具体实施办法由国务院规定。

中华人民共和国公司法（2023修订）

（1993年12月29日第八届全国人民代表大会常务委员会第五次会议通过　根据1999年12月25日第九届全国人民代表大会常务委员会第十三次会议《关于修改〈中华人民共和国公司法〉的决定》第一次修正　根据2004年8月28日第十届全国人民代表大会常务委员会第十一次会议《关于修改〈中华人民共和国公司法〉的决定》第二次修正　2005年10月27日第十届全国人民代表大会常务委员会第十八次会议第一次修订　根据2013年12月28日第十二届全国人民代表大会常务委员会第六次会议《关于修改〈中华人民共和国海洋环境保护法〉等七部法律的决定》第三次修正　根据2018年10月26日第十三届全国人民代表大会常务委员会第六次会议《关于修改〈中华人民共和国公司法〉的决定》第四次修正　2023年12月29日第十四届全国人民代表大会常务委员会第七次会议第二次修订）

目　录

第一章　总　　则

第一条　为了规范公司的组织和行为,保护公司、股东、职工和债权人的合法权益,完善中国特色现代企业制度,弘扬企业家精神,维护社会经济秩序,促进社会主义市场经济的发展,根据宪法,制定本法。

第二条　本法所称公司,是指依照本法在中华人民共和国境内设立的有限责任公司和股份有限公司。

第三条　公司是企业法人,有独立的法人财产,享有法人财产权。公司以其全部财产对公司的债务承担责任。

公司的合法权益受法律保护,不受侵犯。

第四条　有限责任公司的股东以其认缴的出资额为限对公司承担责任;股份有限公司的股东以其认购的股份为限对公司承担责任。

公司股东对公司依法享有资产收益、参与重大决策和选择管理者等权利。

第五条　设立公司应当依法制定公司章程。公司章程对公司、股东、董事、监事、高级管理人员具有约束力。

第六条　公司应当有自己的名称。公司名称应当符合国家有关规定。

公司的名称权受法律保护。

第七条　依照本法设立的有限责任公司,应当在公司名称中标明有限责任公司或者有限公司字样。

依照本法设立的股份有限公司,应当在公司名称中标明股份有限公司或者股份公司字样。

第八条　公司以其主要办事机构所在地为住所。

第九条　公司的经营范围由公司章程规定。公司可以修改公司章程,变更经营范围。

公司的经营范围中属于法律、行政法规规定须经批准的项目,应当依法经过批准。

第十条　公司的法定代表人按照公司章程的规定,由代表公司执行公司事务的董事或者经理担任。

担任法定代表人的董事或者经理辞任的,视为同时辞去法定代表人。

法定代表人辞任的,公司应当在法定代表人辞任之日起三十日内确定新的法定代表人。

第十一条　法定代表人以公司名义从事的民事活动，其法律后果由公司承受。

公司章程或者股东会对法定代表人职权的限制，不得对抗善意相对人。

法定代表人因执行职务造成他人损害的，由公司承担民事责任。公司承担民事责任后，依照法律或者公司章程的规定，可以向有过错的法定代表人追偿。

第十二条　有限责任公司变更为股份有限公司，应当符合本法规定的股份有限公司的条件。股份有限公司变更为有限责任公司，应当符合本法规定的有限责任公司的条件。

有限责任公司变更为股份有限公司的，或者股份有限公司变更为有限责任公司的，公司变更前的债权、债务由变更后的公司承继。

第十三条　公司可以设立子公司。子公司具有法人资格，依法独立承担民事责任。

公司可以设立分公司。分公司不具有法人资格，其民事责任由公司承担。

第十四条　公司可以向其他企业投资。

法律规定公司不得成为对所投资企业的债务承担连带责任的出资人的，从其规定。

第十五条　公司向其他企业投资或者为他人提供担保，按照公司章程的规定，由董事会或者股东会决议；公司章程对投资或者担保的总额及单项投资或者担保的数额有限额规定的，不得超过规定的限额。

公司为公司股东或者实际控制人提供担保的，应当经股东会决议。

前款规定的股东或者受前款规定的实际控制人支配的股东，不得参加前款规定事项的表决。该项表决由出席会议的其他股东所持表决权的过半数通过。

第十六条　公司应当保护职工的合法权益，依法与职工签订劳动合同，参加社会保险，加强劳动保护，实现安全生产。

公司应当采用多种形式，加强公司职工的职业教育和岗位培训，提高职工素质。

第十七条　公司职工依照《中华人民共和国工会法》组织工会，开展工会活动，维护职工合法权益。公司应当为本公司工会提供必要的活动条件。公司工会代表职工就职工的劳动报酬、工作时间、休息休假、劳动安全卫生和保险福利等事项依法与公司签订集体合同。

公司依照宪法和有关法律的规定，建立健全以职工代表大会为基本形式的民主管理制度，通过职工代表大会或者其他形式，实行民主管理。

公司研究决定改制、解散、申请破产以及经营方面的重大问题、制定重要的规章制度时，应当听取公司工会的意见，并通过职工代表大会或者其他形式听取职工的意见和建议。

第十八条　在公司中，根据中国共产党章程的规定，设立中国共产党的组织，开展党的活动。公司应当为党组织的活动提供必要条件。

第十九条　公司从事经营活动，应当遵守法律法规，遵守社会公德、商业道德，诚实守信，接受政府和社会公众的监督。

第二十条　公司从事经营活动,应当充分考虑公司职工、消费者等利益相关者的利益以及生态环境保护等社会公共利益,承担社会责任。

国家鼓励公司参与社会公益活动,公布社会责任报告。

第二十一条　公司股东应当遵守法律、行政法规和公司章程,依法行使股东权利,不得滥用股东权利损害公司或者其他股东的利益。

公司股东滥用股东权利给公司或者其他股东造成损失的,应当承担赔偿责任。

第二十二条　公司的控股股东、实际控制人、董事、监事、高级管理人员不得利用关联关系损害公司利益。

违反前款规定,给公司造成损失的,应当承担赔偿责任。

第二十三条　公司股东滥用公司法人独立地位和股东有限责任,逃避债务,严重损害公司债权人利益的,应当对公司债务承担连带责任。

股东利用其控制的两个以上公司实施前款规定行为的,各公司应当对任一公司的债务承担连带责任。

只有一个股东的公司,股东不能证明公司财产独立于股东自己的财产的,应当对公司债务承担连带责任。

第二十四条　公司股东会、董事会、监事会召开会议和表决可以采用电子通信方式,公司章程另有规定的除外。

第二十五条　公司股东会、董事会的决议内容违反法律、行政法规的无效。

第二十六条　公司股东会、董事会的会议召集程序、表决方式违反法律、行政法规或者公司章程,或者决议内容违反公司章程的,股东自决议作出之日起六十日内,可以请求人民法院撤销。但是,股东会、董事会的会议召集程序或者表决方式仅有轻微瑕疵,对决议未产生实质影响的除外。

未被通知参加股东会会议的股东自知道或者应当知道股东会决议作出之日起六十日内,可以请求人民法院撤销;自决议作出之日起一年内没有行使撤销权的,撤销权消灭。

第二十七条　有下列情形之一的,公司股东会、董事会的决议不成立:

(一)未召开股东会、董事会会议作出决议;

(二)股东会、董事会会议未对决议事项进行表决;

(三)出席会议的人数或者所持表决权数未达到本法或者公司章程规定的人数或者所持表决权数;

(四)同意决议事项的人数或者所持表决权数未达到本法或者公司章程规定的人数或者所持表决权数。

第二十八条　公司股东会、董事会决议被人民法院宣告无效、撤销或者确认不成立的,公司应当向公司登记机关申请撤销根据该决议已办理的登记。

股东会、董事会决议被人民法院宣告无效、撤销或者确认不成立的,公司根据该决议与善意相对人形成的民事法律关系不受影响。

第二章　公司登记

第二十九条　设立公司，应当依法向公司登记机关申请设立登记。

法律、行政法规规定设立公司必须报经批准的，应当在公司登记前依法办理批准手续。

第三十条　申请设立公司，应当提交设立登记申请书、公司章程等文件，提交的相关材料应当真实、合法和有效。

申请材料不齐全或者不符合法定形式的，公司登记机关应当一次性告知需要补正的材料。

第三十一条　申请设立公司，符合本法规定的设立条件的，由公司登记机关分别登记为有限责任公司或者股份有限公司；不符合本法规定的设立条件的，不得登记为有限责任公司或者股份有限公司。

第三十二条　公司登记事项包括：

（一）名称；

（二）住所；

（三）注册资本；

（四）经营范围；

（五）法定代表人的姓名；

（六）有限责任公司股东、股份有限公司发起人的姓名或者名称。

公司登记机关应当将前款规定的公司登记事项通过国家企业信用信息公示系统向社会公示。

第三十三条　依法设立的公司，由公司登记机关发给公司营业执照。公司营业执照签发日期为公司成立日期。

公司营业执照应当载明公司的名称、住所、注册资本、经营范围、法定代表人姓名等事项。

公司登记机关可以发给电子营业执照。电子营业执照与纸质营业执照具有同等法律效力。

第三十四条　公司登记事项发生变更的，应当依法办理变更登记。

公司登记事项未经登记或者未经变更登记，不得对抗善意相对人。

第三十五条　公司申请变更登记，应当向公司登记机关提交公司法定代表人签署的变更登记申请书、依法作出的变更决议或者决定等文件。

公司变更登记事项涉及修改公司章程的，应当提交修改后的公司章程。

公司变更法定代表人的，变更登记申请书由变更后的法定代表人签署。

第三十六条 公司营业执照记载的事项发生变更的,公司办理变更登记后,由公司登记机关换发营业执照。

第三十七条 公司因解散、被宣告破产或者其他法定事由需要终止的,应当依法向公司登记机关申请注销登记,由公司登记机关公告公司终止。

第三十八条 公司设立分公司,应当向公司登记机关申请登记,领取营业执照。

第三十九条 虚报注册资本、提交虚假材料或者采取其他欺诈手段隐瞒重要事实取得公司设立登记的,公司登记机关应当依照法律、行政法规的规定予以撤销。

第四十条 公司应当按照规定通过国家企业信用信息公示系统公示下列事项:

(一)有限责任公司股东认缴和实缴的出资额、出资方式和出资日期,股份有限公司发起人认购的股份数;

(二)有限责任公司股东、股份有限公司发起人的股权、股份变更信息;

(三)行政许可取得、变更、注销等信息;

(四)法律、行政法规规定的其他信息。

公司应当确保前款公示信息真实、准确、完整。

第四十一条 公司登记机关应当优化公司登记办理流程,提高公司登记效率,加强信息化建设,推行网上办理等便捷方式,提升公司登记便利化水平。

国务院市场监督管理部门根据本法和有关法律、行政法规的规定,制定公司登记注册的具体办法。

第三章 有限责任公司的设立和组织机构

第一节 设 立

第四十二条 有限责任公司由一个以上五十个以下股东出资设立。

第四十三条 有限责任公司设立时的股东可以签订设立协议,明确各自在公司设立过程中的权利和义务。

第四十四条 有限责任公司设立时的股东为设立公司从事的民事活动,其法律后果由公司承受。

公司未成立的,其法律后果由公司设立时的股东承受;设立时的股东为二人以上的,享有连带债权,承担连带债务。

设立时的股东为设立公司以自己的名义从事民事活动产生的民事责任,第三人有权选择请求公司或者公司设立时的股东承担。

设立时的股东因履行公司设立职责造成他人损害的,公司或者无过错的股东承担赔偿责任后,可以向有过错的股东追偿。

第四十五条 设立有限责任公司,应当由股东共同制定公司章程。

第四十六条 有限责任公司章程应当载明下列事项:

（一）公司名称和住所；

（二）公司经营范围；

（三）公司注册资本；

（四）股东的姓名或者名称；

（五）股东的出资额、出资方式和出资日期；

（六）公司的机构及其产生办法、职权、议事规则；

（七）公司法定代表人的产生、变更办法；

（八）股东会认为需要规定的其他事项。

股东应当在公司章程上签名或者盖章。

第四十七条 有限责任公司的注册资本为在公司登记机关登记的全体股东认缴的出资额。全体股东认缴的出资额由股东按照公司章程的规定自公司成立之日起五年内缴足。

法律、行政法规以及国务院决定对有限责任公司注册资本实缴、注册资本最低限额、股东出资期限另有规定的，从其规定。

第四十八条 股东可以用货币出资，也可以用实物、知识产权、土地使用权、股权、债权等可以用货币估价并可以依法转让的非货币财产作价出资；但是，法律、行政法规规定不得作为出资的财产除外。

对作为出资的非货币财产应当评估作价，核实财产，不得高估或者低估作价。法律、行政法规对评估作价有规定的，从其规定。

第四十九条 股东应当按期足额缴纳公司章程规定的各自所认缴的出资额。

股东以货币出资的，应当将货币出资足额存入有限责任公司在银行开设的账户；以非货币财产出资的，应当依法办理其财产权的转移手续。

股东未按期足额缴纳出资的，除应当向公司足额缴纳外，还应当对给公司造成的损失承担赔偿责任。

第五十条 有限责任公司设立时，股东未按照公司章程规定实际缴纳出资，或者实际出资的非货币财产的实际价额显著低于所认缴的出资额的，设立时的其他股东与该股东在出资不足的范围内承担连带责任。

第五十一条 有限责任公司成立后，董事会应当对股东的出资情况进行核查，发现股东未按期足额缴纳公司章程规定的出资的，应当由公司向该股东发出书面催缴书，催缴出资。

未及时履行前款规定的义务，给公司造成损失的，负有责任的董事应当承担赔偿责任。

第五十二条 股东未按照公司章程规定的出资日期缴纳出资，公司依照前条第一款规定发出书面催缴书催缴出资的，可以载明缴纳出资的宽限期；宽限期自公司发出催缴书之日起，不得少于六十日。宽限期届满，股东仍未履行出资义务的，公司经董事会决议可以向该股东发出失权通知，通知应当以书面形式发出。自通知发出之日起，该股东丧失其未缴纳出资的股权。

依照前款规定丧失的股权应当依法转让，或者相应减少注册资本并注销该股权；六个月内未转让或者注销的，由公司其他股东按照其出资比例足额缴纳相应出资。

股东对失权有异议的，应当自接到失权通知之日起三十日内，向人民法院提起诉讼。

第五十三条　公司成立后，股东不得抽逃出资。

违反前款规定的，股东应当返还抽逃的出资；给公司造成损失的，负有责任的董事、监事、高级管理人员应当与该股东承担连带赔偿责任。

第五十四条　公司不能清偿到期债务的，公司或者已到期债权的债权人有权要求已认缴出资但未届出资期限的股东提前缴纳出资。

第五十五条　有限责任公司成立后，应当向股东签发出资证明书，记载下列事项：

（一）公司名称；

（二）公司成立日期；

（三）公司注册资本；

（四）股东的姓名或者名称、认缴和实缴的出资额、出资方式和出资日期；

（五）出资证明书的编号和核发日期。

出资证明书由法定代表人签名，并由公司盖章。

第五十六条　有限责任公司应当置备股东名册，记载下列事项：

（一）股东的姓名或者名称及住所；

（二）股东认缴和实缴的出资额、出资方式和出资日期；

（三）出资证明书编号；

（四）取得和丧失股东资格的日期。

记载于股东名册的股东，可以依股东名册主张行使股东权利。

第五十七条　股东有权查阅、复制公司章程、股东名册、股东会会议记录、董事会会议决议、监事会会议决议和财务会计报告。

股东可以要求查阅公司会计账簿、会计凭证。股东要求查阅公司会计账簿、会计凭证的，应当向公司提出书面请求，说明目的。公司有合理根据认为股东查阅会计账簿、会计凭证有不正当目的，可能损害公司合法利益的，可以拒绝提供查阅，并应当自股东提出书面请求之日起十五日内书面答复股东并说明理由。公司拒绝提供查阅的，股东可以向人民法院提起诉讼。

股东查阅前款规定的材料，可以委托会计师事务所、律师事务所等中介机构进行。

股东及其委托的会计师事务所、律师事务所等中介机构查阅、复制有关材料，应当遵守有关保护国家秘密、商业秘密、个人隐私、个人信息等法律、行政法规的规定。

股东要求查阅、复制公司全资子公司相关材料的，适用前四款的规定。

第二节　组织机构

第五十八条　有限责任公司股东会由全体股东组成。股东会是公司的权力机构，依照本法行使职权。

第五十九条　股东会行使下列职权：

（一）选举和更换董事、监事，决定有关董事、监事的报酬事项；

（二）审议批准董事会的报告；

（三）审议批准监事会的报告；

（四）审议批准公司的利润分配方案和弥补亏损方案；

（五）对公司增加或者减少注册资本作出决议；

（六）对发行公司债券作出决议；

（七）对公司合并、分立、解散、清算或者变更公司形式作出决议；

（八）修改公司章程；

（九）公司章程规定的其他职权。

股东会可以授权董事会对发行公司债券作出决议。

对本条第一款所列事项股东以书面形式一致表示同意的，可以不召开股东会会议，直接作出决定，并由全体股东在决定文件上签名或者盖章。

第六十条　只有一个股东的有限责任公司不设股东会。股东作出前条第一款所列事项的决定时，应当采用书面形式，并由股东签名或者盖章后置备于公司。

第六十一条　首次股东会会议由出资最多的股东召集和主持，依照本法规定行使职权。

第六十二条　股东会会议分为定期会议和临时会议。

定期会议应当按照公司章程的规定按时召开。代表十分之一以上表决权的股东、三分之一以上的董事或者监事会提议召开临时会议的，应当召开临时会议。

第六十三条　股东会会议由董事会召集，董事长主持；董事长不能履行职务或者不履行职务的，由副董事长主持；副董事长不能履行职务或者不履行职务的，由过半数的董事共同推举一名董事主持。

董事会不能履行或者不履行召集股东会会议职责的，由监事会召集和主持；监事会不召集和主持的，代表十分之一以上表决权的股东可以自行召集和主持。

第六十四条　召开股东会会议，应当于会议召开十五日前通知全体股东；但是，公司章程另有规定或者全体股东另有约定的除外。

股东会应当对所议事项的决定作成会议记录，出席会议的股东应当在会议记录上签名或者盖章。

第六十五条　股东会会议由股东按照出资比例行使表决权；但是，公司章程另有规定的除外。

第六十六条 股东会的议事方式和表决程序,除本法有规定的外,由公司章程规定。

股东会作出决议,应当经代表过半数表决权的股东通过。

股东会作出修改公司章程、增加或者减少注册资本的决议,以及公司合并、分立、解散或者变更公司形式的决议,应当经代表三分之二以上表决权的股东通过。

第六十七条 有限责任公司设董事会,本法第七十五条另有规定的除外。

董事会行使下列职权:

(一)召集股东会会议,并向股东会报告工作;

(二)执行股东会的决议;

(三)决定公司的经营计划和投资方案;

(四)制订公司的利润分配方案和弥补亏损方案;

(五)制订公司增加或者减少注册资本以及发行公司债券的方案;

(六)制订公司合并、分立、解散或者变更公司形式的方案;

(七)决定公司内部管理机构的设置;

(八)决定聘任或者解聘公司经理及其报酬事项,并根据经理的提名决定聘任或者解聘公司副经理、财务负责人及其报酬事项;

(九)制定公司的基本管理制度;

(十)公司章程规定或者股东会授予的其他职权。

公司章程对董事会职权的限制不得对抗善意相对人。

第六十八条 有限责任公司董事会成员为三人以上,其成员中可以有公司职工代表。职工人数三百人以上的有限责任公司,除依法设监事会并有公司职工代表的外,其董事会成员中应当有公司职工代表。董事会中的职工代表由公司职工通过职工代表大会、职工大会或者其他形式民主选举产生。

董事会设董事长一人,可以设副董事长。董事长、副董事长的产生办法由公司章程规定。

第六十九条 有限责任公司可以按照公司章程的规定在董事会中设置由董事组成的审计委员会,行使本法规定的监事会的职权,不设监事会或者监事。公司董事会成员中的职工代表可以成为审计委员会成员。

第七十条 董事任期由公司章程规定,但每届任期不得超过三年。董事任期届满,连选可以连任。

董事任期届满未及时改选,或者董事在任期内辞任导致董事会成员低于法定人数的,在改选出的董事就任前,原董事仍应当依照法律、行政法规和公司章程的规定,履行董事职务。

董事辞任的,应当以书面形式通知公司,公司收到通知之日辞任生效,但存在前款规定情形的,董事应当继续履行职务。

第七十一条 股东会可以决议解任董事，决议作出之日解任生效。

无正当理由，在任期届满前解任董事的，该董事可以要求公司予以赔偿。

第七十二条 董事会会议由董事长召集和主持；董事长不能履行职务或者不履行职务的，由副董事长召集和主持；副董事长不能履行职务或者不履行职务的，由过半数的董事共同推举一名董事召集和主持。

第七十三条 董事会的议事方式和表决程序，除本法有规定的外，由公司章程规定。

董事会会议应当有过半数的董事出席方可举行。董事会作出决议，应当经全体董事的过半数通过。

董事会决议的表决，应当一人一票。

董事会应当对所议事项的决定作成会议记录，出席会议的董事应当在会议记录上签名。

第七十四条 有限责任公司可以设经理，由董事会决定聘任或者解聘。

经理对董事会负责，根据公司章程的规定或者董事会的授权行使职权。经理列席董事会会议。

第七十五条 规模较小或者股东人数较少的有限责任公司，可以不设董事会，设一名董事，行使本法规定的董事会的职权。该董事可以兼任公司经理。

第七十六条 有限责任公司设监事会，本法第六十九条、第八十三条另有规定的除外。

监事会成员为三人以上。监事会成员应当包括股东代表和适当比例的公司职工代表，其中职工代表的比例不得低于三分之一，具体比例由公司章程规定。监事会中的职工代表由公司职工通过职工代表大会、职工大会或者其他形式民主选举产生。

监事会设主席一人，由全体监事过半数选举产生。监事会主席召集和主持监事会会议；监事会主席不能履行职务或者不履行职务的，由过半数的监事共同推举一名监事召集和主持监事会会议。

董事、高级管理人员不得兼任监事。

第七十七条 监事的任期每届为三年。监事任期届满，连选可以连任。

监事任期届满未及时改选，或者监事在任期内辞任导致监事会成员低于法定人数的，在改选出的监事就任前，原监事仍应当依照法律、行政法规和公司章程的规定，履行监事职务。

第七十八条 监事会行使下列职权：

（一）检查公司财务；

（二）对董事、高级管理人员执行职务的行为进行监督，对违反法律、行政法规、公司章程或者股东会决议的董事、高级管理人员提出解任的建议；

（三）当董事、高级管理人员的行为损害公司的利益时，要求董事、高级管理人员予以纠正；

（四）提议召开临时股东会会议，在董事会不履行本法规定的召集和主持股东会会议职责时召集和主持股东会会议；

（五）向股东会会议提出提案；

（六）依照本法第一百八十九条的规定，对董事、高级管理人员提起诉讼；

（七）公司章程规定的其他职权。

第七十九条 监事可以列席董事会会议，并对董事会决议事项提出质询或者建议。

监事会发现公司经营情况异常，可以进行调查；必要时，可以聘请会计师事务所等协助其工作，费用由公司承担。

第八十条 监事会可以要求董事、高级管理人员提交执行职务的报告。

董事、高级管理人员应当如实向监事会提供有关情况和资料，不得妨碍监事会或者监事行使职权。

第八十一条 监事会每年度至少召开一次会议，监事可以提议召开临时监事会会议。

监事会的议事方式和表决程序，除本法有规定的外，由公司章程规定。

监事会决议应当经全体监事的过半数通过。

监事会决议的表决，应当一人一票。

监事会应当对所议事项的决定作成会议记录，出席会议的监事应当在会议记录上签名。

第八十二条 监事会行使职权所必需的费用，由公司承担。

第八十三条 规模较小或者股东人数较少的有限责任公司，可以不设监事会，设一名监事，行使本法规定的监事会的职权；经全体股东一致同意，也可以不设监事。

第四章 有限责任公司的股权转让

第八十四条 有限责任公司的股东之间可以相互转让其全部或者部分股权。

股东向股东以外的人转让股权的，应当将股权转让的数量、价格、支付方式和期限等事项书面通知其他股东，其他股东在同等条件下有优先购买权。股东自接到书面通知之日起三十日内未答复的，视为放弃优先购买权。两个以上股东行使优先购买权的，协商确定各自的购买比例；协商不成的，按照转让时各自的出资比例行使优先购买权。

公司章程对股权转让另有规定的，从其规定。

第八十五条 人民法院依照法律规定的强制执行程序转让股东的股权时，应当通知公司及全体股东，其他股东在同等条件下有优先购买权。其他股东自人民法院通知之日起满二十日不行使优先购买权的，视为放弃优先购买权。

第八十六条 股东转让股权的，应当书面通知公司，请求变更股东名册；需要办理变更登记的，并请求公司向公司登记机关办理变更登记。公司拒绝或者在合理期限内不予答复的，转让人、受让人可以依法向人民法院提起诉讼。

股权转让的，受让人自记载于股东名册时起可以向公司主张行使股东权利。

第八十七条 依照本法转让股权后，公司应当及时注销原股东的出资证明书，向新股东签发出资证明书，并相应修改公司章程和股东名册中有关股东及其出资额的记载。对公司章程的该项修改不需再由股东会表决。

第八十八条 股东转让已认缴出资但未届出资期限的股权的，由受让人承担缴纳该出资的义务；受让人未按期足额缴纳出资的，转让人对受让人未按期缴纳的出资承担补充责任。

未按照公司章程规定的出资日期缴纳出资或者作为出资的非货币财产的实际价额显著低于所认缴的出资额的股东转让股权的，转让人与受让人在出资不足的范围内承担连带责任；受让人不知道且不应当知道存在上述情形的，由转让人承担责任。

第八十九条 有下列情形之一的，对股东会该项决议投反对票的股东可以请求公司按照合理的价格收购其股权：

（一）公司连续五年不向股东分配利润，而公司该五年连续盈利，并且符合本法规定的分配利润条件；

（二）公司合并、分立、转让主要财产；

（三）公司章程规定的营业期限届满或者章程规定的其他解散事由出现，股东会通过决议修改章程使公司存续。

自股东会决议作出之日起六十日内，股东与公司不能达成股权收购协议的，股东可以自股东会决议作出之日起九十日内向人民法院提起诉讼。

公司的控股股东滥用股东权利，严重损害公司或者其他股东利益的，其他股东有权请求公司按照合理的价格收购其股权。

公司因本条第一款、第三款规定的情形收购的本公司股权，应当在六个月内依法转让或者注销。

第九十条 自然人股东死亡后，其合法继承人可以继承股东资格；但是，公司章程另有规定的除外。

第五章 股份有限公司的设立和组织机构

第一节 设 立

第九十一条 设立股份有限公司，可以采取发起设立或者募集设立的方式。

发起设立，是指由发起人认购设立公司时应发行的全部股份而设立公司。

募集设立，是指由发起人认购设立公司时应发行股份的一部分，其余股份向特定对象募集或者向社会公开募集而设立公司。

第九十二条 设立股份有限公司,应当有一人以上二百人以下为发起人,其中应当有半数以上的发起人在中华人民共和国境内有住所。

第九十三条 股份有限公司发起人承担公司筹办事务。

发起人应当签订发起人协议,明确各自在公司设立过程中的权利和义务。

第九十四条 设立股份有限公司,应当由发起人共同制订公司章程。

第九十五条 股份有限公司章程应当载明下列事项:

(一)公司名称和住所;

(二)公司经营范围;

(三)公司设立方式;

(四)公司注册资本、已发行的股份数和设立时发行的股份数,面额股的每股金额;

(五)发行类别股的,每一类别股的股份数及其权利和义务;

(六)发起人的姓名或者名称、认购的股份数、出资方式;

(七)董事会的组成、职权和议事规则;

(八)公司法定代表人的产生、变更办法;

(九)监事会的组成、职权和议事规则;

(十)公司利润分配办法;

(十一)公司的解散事由与清算办法;

(十二)公司的通知和公告办法;

(十三)股东会认为需要规定的其他事项。

第九十六条 股份有限公司的注册资本为在公司登记机关登记的已发行股份的股本总额。在发起人认购的股份缴足前,不得向他人募集股份。

法律、行政法规以及国务院决定对股份有限公司注册资本最低限额另有规定的,从其规定。

第九十七条 以发起设立方式设立股份有限公司的,发起人应当认足公司章程规定的公司设立时应发行的股份。

以募集设立方式设立股份有限公司的,发起人认购的股份不得少于公司章程规定的公司设立时应发行股份总数的百分之三十五;但是,法律、行政法规另有规定的,从其规定。

第九十八条 发起人应当在公司成立前按照其认购的股份全额缴纳股款。

发起人的出资,适用本法第四十八条、第四十九条第二款关于有限责任公司股东出资的规定。

第九十九条 发起人不按照其认购的股份缴纳股款,或者作为出资的非货币财产的实际价额显著低于所认购的股份的,其他发起人与该发起人在出资不足的范围内承担连带责任。

第一百条 发起人向社会公开募集股份,应当公告招股说明书,并制作认股书。

认股书应当载明本法第一百五十四条第二款、第三款所列事项，由认股人填写认购的股份数、金额、住所，并签名或者盖章。认股人应当按照所认购股份足额缴纳股款。

第一百零一条 向社会公开募集股份的股款缴足后，应当经依法设立的验资机构验资并出具证明。

第一百零二条 股份有限公司应当制作股东名册并置备于公司。股东名册应当记载下列事项：

（一）股东的姓名或者名称及住所；

（二）各股东所认购的股份种类及股份数；

（三）发行纸面形式的股票的，股票的编号；

（四）各股东取得股份的日期。

第一百零三条 募集设立股份有限公司的发起人应当自公司设立时应发行股份的股款缴足之日起三十日内召开公司成立大会。发起人应当在成立大会召开十五日前将会议日期通知各认股人或者予以公告。成立大会应当有持有表决权过半数的认股人出席，方可举行。

以发起设立方式设立股份有限公司成立大会的召开和表决程序由公司章程或者发起人协议规定。

第一百零四条 公司成立大会行使下列职权：

（一）审议发起人关于公司筹办情况的报告；

（二）通过公司章程；

（三）选举董事、监事；

（四）对公司的设立费用进行审核；

（五）对发起人非货币财产出资的作价进行审核；

（六）发生不可抗力或者经营条件发生重大变化直接影响公司设立的，可以作出不设立公司的决议。

成立大会对前款所列事项作出决议，应当经出席会议的认股人所持表决权过半数通过。

第一百零五条 公司设立时应发行的股份未募足，或者发行股份的股款缴足后，发起人在三十日内未召开成立大会的，认股人可以按照所缴股款并加算银行同期存款利息，要求发起人返还。

发起人、认股人缴纳股款或者交付非货币财产出资后，除未按期募足股份、发起人未按期召开成立大会或者成立大会决议不设立公司的情形外，不得抽回其股本。

第一百零六条 董事会应当授权代表，于公司成立大会结束后三十日内向公司登记机关申请设立登记。

第一百零七条 本法第四十四条、第四十九条第三款、第五十一条、第五十二条、第五十三条的规定，适用于股份有限公司。

第一百零八条　有限责任公司变更为股份有限公司时，折合的实收股本总额不得高于公司净资产额。有限责任公司变更为股份有限公司，为增加注册资本公开发行股份时，应当依法办理。

第一百零九条　股份有限公司应当将公司章程、股东名册、股东会会议记录、董事会会议记录、监事会会议记录、财务会计报告、债券持有人名册置备于本公司。

第一百一十条　股东有权查阅、复制公司章程、股东名册、股东会会议记录、董事会会议决议、监事会会议决议、财务会计报告，对公司的经营提出建议或者质询。

连续一百八十日以上单独或者合计持有公司百分之三以上股份的股东要求查阅公司的会计账簿、会计凭证的，适用本法第五十七条第二款、第三款、第四款的规定。公司章程对持股比例有较低规定的，从其规定。

股东要求查阅、复制公司全资子公司相关材料的，适用前两款的规定。

上市公司股东查阅、复制相关材料的，应当遵守《中华人民共和国证券法》等法律、行政法规的规定。

第二节　股　东　会

第一百一十一条　股份有限公司股东会由全体股东组成。股东会是公司的权力机构，依照本法行使职权。

第一百一十二条　本法第五十九条第一款、第二款关于有限责任公司股东会职权的规定，适用于股份有限公司股东会。

本法第六十条关于只有一个股东的有限责任公司不设股东会的规定，适用于只有一个股东的股份有限公司。

第一百一十三条　股东会应当每年召开一次年会。有下列情形之一的，应当在两个月内召开临时股东会会议：

（一）董事人数不足本法规定人数或者公司章程所定人数的三分之二时；

（二）公司未弥补的亏损达股本总额三分之一时；

（三）单独或者合计持有公司百分之十以上股份的股东请求时；

（四）董事会认为必要时；

（五）监事会提议召开时；

（六）公司章程规定的其他情形。

第一百一十四条　股东会会议由董事会召集，董事长主持；董事长不能履行职务或者不履行职务的，由副董事长主持；副董事长不能履行职务或者不履行职务的，由过半数的董事共同推举一名董事主持。

董事会不能履行或者不履行召集股东会会议职责的，监事会应当及时召集和主持；监事会不召集和主持的，连续九十日以上单独或者合计持有公司百分之十以上股份的股东可以自行召集和主持。

单独或者合计持有公司百分之十以上股份的股东请求召开临时股东会会议的，董事会、监事会应当在收到请求之日起十日内作出是否召开临时股东会会议的决定，并书面答复股东。

第一百一十五条 召开股东会会议，应当将会议召开的时间、地点和审议的事项于会议召开二十日前通知各股东；临时股东会会议应当于会议召开十五日前通知各股东。

单独或者合计持有公司百分之一以上股份的股东，可以在股东会会议召开十日前提出临时提案并书面提交董事会。临时提案应当有明确议题和具体决议事项。董事会应当在收到提案后二日内通知其他股东，并将该临时提案提交股东会审议；但临时提案违反法律、行政法规或者公司章程的规定，或者不属于股东会职权范围的除外。公司不得提高提出临时提案股东的持股比例。

公开发行股份的公司，应当以公告方式作出前两款规定的通知。

股东会不得对通知中未列明的事项作出决议。

第一百一十六条 股东出席股东会会议，所持每一股份有一表决权，类别股股东除外。公司持有的本公司股份没有表决权。

股东会作出决议，应当经出席会议的股东所持表决权过半数通过。

股东会作出修改公司章程、增加或者减少注册资本的决议，以及公司合并、分立、解散或者变更公司形式的决议，应当经出席会议的股东所持表决权的三分之二以上通过。

第一百一十七条 股东会选举董事、监事，可以按照公司章程的规定或者股东会的决议，实行累积投票制。

本法所称累积投票制，是指股东会选举董事或者监事时，每一股份拥有与应选董事或者监事人数相同的表决权，股东拥有的表决权可以集中使用。

第一百一十八条 股东委托代理人出席股东会会议的，应当明确代理人代理的事项、权限和期限；代理人应当向公司提交股东授权委托书，并在授权范围内行使表决权。

第一百一十九条 股东会应当对所议事项的决定作成会议记录，主持人、出席会议的董事应当在会议记录上签名。会议记录应当与出席股东的签名册及代理出席的委托书一并保存。

第三节 董事会、经理

第一百二十条 股份有限公司设董事会，本法第一百二十八条另有规定的除外。

本法第六十七条、第六十八条第一款、第七十条、第七十一条的规定，适用于股份有限公司。

第一百二十一条 股份有限公司可以按照公司章程的规定在董事会中设置由董事

组成的审计委员会，行使本法规定的监事会的职权，不设监事会或者监事。

审计委员会成员为三名以上，过半数成员不得在公司担任除董事以外的其他职务，且不得与公司存在任何可能影响其独立客观判断的关系。公司董事会成员中的职工代表可以成为审计委员会成员。

审计委员会作出决议，应当经审计委员会成员的过半数通过。

审计委员会决议的表决，应当一人一票。

审计委员会的议事方式和表决程序，除本法有规定的外，由公司章程规定。

公司可以按照公司章程的规定在董事会中设置其他委员会。

第一百二十二条 董事会设董事长一人，可以设副董事长。董事长和副董事长由董事会以全体董事的过半数选举产生。

董事长召集和主持董事会会议，检查董事会决议的实施情况。副董事长协助董事长工作，董事长不能履行职务或者不履行职务的，由副董事长履行职务；副董事长不能履行职务或者不履行职务的，由过半数的董事共同推举一名董事履行职务。

第一百二十三条 董事会每年度至少召开两次会议，每次会议应当于会议召开十日前通知全体董事和监事。

代表十分之一以上表决权的股东、三分之一以上董事或者监事会，可以提议召开临时董事会会议。董事长应当自接到提议后十日内，召集和主持董事会会议。

董事会召开临时会议，可以另定召集董事会的通知方式和通知时限。

第一百二十四条 董事会会议应当有过半数的董事出席方可举行。董事会作出决议，应当经全体董事的过半数通过。

董事会决议的表决，应当一人一票。

董事会应当对所议事项的决定作成会议记录，出席会议的董事应当在会议记录上签名。

第一百二十五条 董事会会议，应当由董事本人出席；董事因故不能出席，可以书面委托其他董事代为出席，委托书应当载明授权范围。

董事应当对董事会的决议承担责任。董事会的决议违反法律、行政法规或者公司章程、股东会决议，给公司造成严重损失的，参与决议的董事对公司负赔偿责任；经证明在表决时曾表明异议并记载于会议记录的，该董事可以免除责任。

第一百二十六条 股份有限公司设经理，由董事会决定聘任或者解聘。

经理对董事会负责，根据公司章程的规定或者董事会的授权行使职权。经理列席董事会会议。

第一百二十七条 公司董事会可以决定由董事会成员兼任经理。

第一百二十八条 规模较小或者股东人数较少的股份有限公司，可以不设董事会，设一名董事，行使本法规定的董事会的职权。该董事可以兼任公司经理。

第一百二十九条 公司应当定期向股东披露董事、监事、高级管理人员从公司获得报酬的情况。

第四节　监　事　会

第一百三十条　股份有限公司设监事会，本法第一百二十一条第一款、第一百三十三条另有规定的除外。

监事会成员为三人以上。监事会成员应当包括股东代表和适当比例的公司职工代表，其中职工代表的比例不得低于三分之一，具体比例由公司章程规定。监事会中的职工代表由公司职工通过职工代表大会、职工大会或者其他形式民主选举产生。

监事会设主席一人，可以设副主席。监事会主席和副主席由全体监事过半数选举产生。监事会主席召集和主持监事会会议；监事会主席不能履行职务或者不履行职务的，由监事会副主席召集和主持监事会会议；监事会副主席不能履行职务或者不履行职务的，由过半数的监事共同推举一名监事召集和主持监事会会议。

董事、高级管理人员不得兼任监事。

本法第七十七条关于有限责任公司监事任期的规定，适用于股份有限公司监事。

第一百三十一条　本法第七十八条至第八十条的规定，适用于股份有限公司监事会。

监事会行使职权所必需的费用，由公司承担。

第一百三十二条　监事会每六个月至少召开一次会议。监事可以提议召开临时监事会会议。

监事会的议事方式和表决程序，除本法有规定的外，由公司章程规定。

监事会决议应当经全体监事的过半数通过。

监事会决议的表决，应当一人一票。

监事会应当对所议事项的决定作成会议记录，出席会议的监事应当在会议记录上签名。

第一百三十三条　规模较小或者股东人数较少的股份有限公司，可以不设监事会，设一名监事，行使本法规定的监事会的职权。

第五节　上市公司组织机构的特别规定

第一百三十四条　本法所称上市公司，是指其股票在证券交易所上市交易的股份有限公司。

第一百三十五条　上市公司在一年内购买、出售重大资产或者向他人提供担保的金额超过公司资产总额百分之三十的，应当由股东会作出决议，并经出席会议的股东所持表决权的三分之二以上通过。

第一百三十六条　上市公司设独立董事，具体管理办法由国务院证券监督管理机构规定。

上市公司的公司章程除载明本法第九十五条规定的事项外，还应当依照法律、行政法规的规定载明董事会专门委员会的组成、职权以及董事、监事、高级管理人员薪酬考核机制等事项。

第一百三十七条 上市公司在董事会中设置审计委员会的，董事会对下列事项作出决议前应当经审计委员会全体成员过半数通过：

（一）聘用、解聘承办公司审计业务的会计师事务所；

（二）聘任、解聘财务负责人；

（三）披露财务会计报告；

（四）国务院证券监督管理机构规定的其他事项。

第一百三十八条 上市公司设董事会秘书，负责公司股东会和董事会会议的筹备、文件保管以及公司股东资料的管理，办理信息披露事务等事宜。

第一百三十九条 上市公司董事与董事会会议决议事项所涉及的企业或者个人有关联关系的，该董事应当及时向董事会书面报告。有关联关系的董事不得对该项决议行使表决权，也不得代理其他董事行使表决权。该董事会会议由过半数的无关联关系董事出席即可举行，董事会会议所作决议须经无关联关系董事过半数通过。出席董事会会议的无关联关系董事人数不足三人的，应当将该事项提交上市公司股东会审议。

第一百四十条 上市公司应当依法披露股东、实际控制人的信息，相关信息应当真实、准确、完整。

禁止违反法律、行政法规的规定代持上市公司股票。

第一百四十一条 上市公司控股子公司不得取得该上市公司的股份。

上市公司控股子公司因公司合并、质权行使等原因持有上市公司股份的，不得行使所持股份对应的表决权，并应当及时处分相关上市公司股份。

第六章 股份有限公司的股份发行和转让

第一节 股份发行

第一百四十二条 公司的资本划分为股份。公司的全部股份，根据公司章程的规定择一采用面额股或者无面额股。采用面额股的，每一股的金额相等。

公司可以根据公司章程的规定将已发行的面额股全部转换为无面额股或者将无面额股全部转换为面额股。

采用无面额股的，应当将发行股份所得股款的二分之一以上计入注册资本。

第一百四十三条 股份的发行，实行公平、公正的原则，同类别的每一股份应当具有同等权利。

同次发行的同类别股份，每股的发行条件和价格应当相同；认购人所认购的股份，每股应当支付相同价额。

第一百四十四条　公司可以按照公司章程的规定发行下列与普通股权利不同的类别股：

（一）优先或者劣后分配利润或者剩余财产的股份；

（二）每一股的表决权数多于或者少于普通股的股份；

（三）转让须经公司同意等转让受限的股份；

（四）国务院规定的其他类别股。

公开发行股份的公司不得发行前款第二项、第三项规定的类别股；公开发行前已发行的除外。

公司发行本条第一款第二项规定的类别股的，对于监事或者审计委员会成员的选举和更换，类别股与普通股每一股的表决权数相同。

第一百四十五条　发行类别股的公司，应当在公司章程中载明以下事项：

（一）类别股分配利润或者剩余财产的顺序；

（二）类别股的表决权数；

（三）类别股的转让限制；

（四）保护中小股东权益的措施；

（五）股东会认为需要规定的其他事项。

第一百四十六条　发行类别股的公司，有本法第一百一十六条第三款规定的事项等可能影响类别股股东权利的，除应当依照第一百一十六条第三款的规定经股东会决议外，还应当经出席类别股股东会议的股东所持表决权的三分之二以上通过。

公司章程可以对需经类别股股东会议决议的其他事项作出规定。

第一百四十七条　公司的股份采取股票的形式。股票是公司签发的证明股东所持股份的凭证。

公司发行的股票，应当为记名股票。

第一百四十八条　面额股股票的发行价格可以按票面金额，也可以超过票面金额，但不得低于票面金额。

第一百四十九条　股票采用纸面形式或者国务院证券监督管理机构规定的其他形式。

股票采用纸面形式的，应当载明下列主要事项：

（一）公司名称；

（二）公司成立日期或者股票发行的时间；

（三）股票种类、票面金额及代表的股份数，发行无面额股的，股票代表的股份数。

股票采用纸面形式的，还应当载明股票的编号，由法定代表人签名，公司盖章。

发起人股票采用纸面形式的，应当标明发起人股票字样。

第一百五十条　股份有限公司成立后，即向股东正式交付股票。公司成立前不得向股东交付股票。

第一百五十一条 公司发行新股,股东会应当对下列事项作出决议:

(一)新股种类及数额;

(二)新股发行价格;

(三)新股发行的起止日期;

(四)向原有股东发行新股的种类及数额;

(五)发行无面额股的,新股发行所得股款计入注册资本的金额。

公司发行新股,可以根据公司经营情况和财务状况,确定其作价方案。

第一百五十二条 公司章程或者股东会可以授权董事会在三年内决定发行不超过已发行股份百分之五十的股份。但以非货币财产作价出资的应当经股东会决议。

董事会依照前款规定决定发行股份导致公司注册资本、已发行股份数发生变化的,对公司章程该项记载事项的修改不需再由股东会表决。

第一百五十三条 公司章程或者股东会授权董事会决定发行新股的,董事会决议应当经全体董事三分之二以上通过。

第一百五十四条 公司向社会公开募集股份,应当经国务院证券监督管理机构注册,公告招股说明书。

招股说明书应当附有公司章程,并载明下列事项:

(一)发行的股份总数;

(二)面额股的票面金额和发行价格或者无面额股的发行价格;

(三)募集资金的用途;

(四)认股人的权利和义务;

(五)股份种类及其权利和义务;

(六)本次募股的起止日期及逾期未募足时认股人可以撤回所认股份的说明。

公司设立时发行股份的,还应当载明发起人认购的股份数。

第一百五十五条 公司向社会公开募集股份,应当由依法设立的证券公司承销,签订承销协议。

第一百五十六条 公司向社会公开募集股份,应当同银行签订代收股款协议。

代收股款的银行应当按照协议代收和保存股款,向缴纳股款的认股人出具收款单据,并负有向有关部门出具收款证明的义务。

公司发行股份募足股款后,应予公告。

第二节 股份转让

第一百五十七条 股份有限公司的股东持有的股份可以向其他股东转让,也可以向股东以外的人转让;公司章程对股份转让有限制的,其转让按照公司章程的规定进行。

第一百五十八条 股东转让其股份,应当在依法设立的证券交易场所进行或者按照国务院规定的其他方式进行。

第一百五十九条 股票的转让，由股东以背书方式或者法律、行政法规规定的其他方式进行；转让后由公司将受让人的姓名或者名称及住所记载于股东名册。

股东会会议召开前二十日内或者公司决定分配股利的基准日前五日内，不得变更股东名册。法律、行政法规或者国务院证券监督管理机构对上市公司股东名册变更另有规定的，从其规定。

第一百六十条 公司公开发行股份前已发行的股份，自公司股票在证券交易所上市交易之日起一年内不得转让。法律、行政法规或者国务院证券监督管理机构对上市公司的股东、实际控制人转让其所持有的本公司股份另有规定的，从其规定。

公司董事、监事、高级管理人员应当向公司申报所持有的本公司的股份及其变动情况，在就任时确定的任职期间每年转让的股份不得超过其所持有本公司股份总数的百分之二十五；所持本公司股份自公司股票上市交易之日起一年内不得转让。上述人员离职后半年内，不得转让其所持有的本公司股份。公司章程可以对公司董事、监事、高级管理人员转让其所持有的本公司股份作出其他限制性规定。

股份在法律、行政法规规定的限制转让期限内出质的，质权人不得在限制转让期限内行使质权。

第一百六十一条 有下列情形之一的，对股东会该项决议投反对票的股东可以请求公司按照合理的价格收购其股份，公开发行股份的公司除外：

（一）公司连续五年不向股东分配利润，而公司该五年连续盈利，并且符合本法规定的分配利润条件；

（二）公司转让主要财产；

（三）公司章程规定的营业期限届满或者章程规定的其他解散事由出现，股东会通过决议修改章程使公司存续。

自股东会决议作出之日起六十日内，股东与公司不能达成股份收购协议的，股东可以自股东会决议作出之日起九十日内向人民法院提起诉讼。

公司因本条第一款规定的情形收购的本公司股份，应当在六个月内依法转让或者注销。

第一百六十二条 公司不得收购本公司股份。但是，有下列情形之一的除外：

（一）减少公司注册资本；

（二）与持有本公司股份的其他公司合并；

（三）将股份用于员工持股计划或者股权激励；

（四）股东因对股东会作出的公司合并、分立决议持异议，要求公司收购其股份；

（五）将股份用于转换公司发行的可转换为股票的公司债券；

（六）上市公司为维护公司价值及股东权益所必需。

公司因前款第一项、第二项规定的情形收购本公司股份的，应当经股东会决议；公司因前款第三项、第五项、第六项规定的情形收购本公司股份的，可以按照公司章程或者股东会的授权，经三分之二以上董事出席的董事会会议决议。

公司依照本条第一款规定收购本公司股份后，属于第一项情形的，应当自收购之日起十日内注销；属于第二项、第四项情形的，应当在六个月内转让或者注销；属于第三项、第五项、第六项情形的，公司合计持有的本公司股份数不得超过本公司已发行股份总数的百分之十，并应当在三年内转让或者注销。

上市公司收购本公司股份的，应当依照《中华人民共和国证券法》的规定履行信息披露义务。上市公司因本条第一款第三项、第五项、第六项规定的情形收购本公司股份的，应当通过公开的集中交易方式进行。

公司不得接受本公司的股份作为质权的标的。

第一百六十三条 公司不得为他人取得本公司或者其母公司的股份提供赠与、借款、担保以及其他财务资助，公司实施员工持股计划的除外。

为公司利益，经股东会决议，或者董事会按照公司章程或者股东会的授权作出决议，公司可以为他人取得本公司或者其母公司的股份提供财务资助，但财务资助的累计总额不得超过已发行股本总额的百分之十。董事会作出决议应当经全体董事的三分之二以上通过。

违反前两款规定，给公司造成损失的，负有责任的董事、监事、高级管理人员应当承担赔偿责任。

第一百六十四条 股票被盗、遗失或者灭失，股东可以依照《中华人民共和国民事诉讼法》规定的公示催告程序，请求人民法院宣告该股票失效。人民法院宣告该股票失效后，股东可以向公司申请补发股票。

第一百六十五条 上市公司的股票，依照有关法律、行政法规及证券交易所交易规则上市交易。

第一百六十六条 上市公司应当依照法律、行政法规的规定披露相关信息。

第一百六十七条 自然人股东死亡后，其合法继承人可以继承股东资格；但是，股份转让受限的股份有限公司的章程另有规定的除外。

第七章 国家出资公司组织机构的特别规定

第一百六十八条 国家出资公司的组织机构，适用本章规定；本章没有规定的，适用本法其他规定。

本法所称国家出资公司，是指国家出资的国有独资公司、国有资本控股公司，包括国家出资的有限责任公司、股份有限公司。

第一百六十九条 国家出资公司，由国务院或者地方人民政府分别代表国家依法履行出资人职责，享有出资人权益。国务院或者地方人民政府可以授权国有资产监督管理机构或者其他部门、机构代表本级人民政府对国家出资公司履行出资人职责。

代表本级人民政府履行出资人职责的机构、部门，以下统称为履行出资人职责的机构。

第一百七十条 国家出资公司中中国共产党的组织，按照中国共产党章程的规定发挥领导作用，研究讨论公司重大经营管理事项，支持公司的组织机构依法行使职权。

第一百七十一条 国有独资公司章程由履行出资人职责的机构制定。

第一百七十二条 国有独资公司不设股东会，由履行出资人职责的机构行使股东会职权。履行出资人职责的机构可以授权公司董事会行使股东会的部分职权，但公司章程的制定和修改，公司的合并、分立、解散、申请破产，增加或者减少注册资本，分配利润，应当由履行出资人职责的机构决定。

第一百七十三条 国有独资公司的董事会依照本法规定行使职权。

国有独资公司的董事会成员中，应当过半数为外部董事，并应当有公司职工代表。

董事会成员由履行出资人职责的机构委派；但是，董事会成员中的职工代表由公司职工代表大会选举产生。

董事会设董事长一人，可以设副董事长。董事长、副董事长由履行出资人职责的机构从董事会成员中指定。

第一百七十四条 国有独资公司的经理由董事会聘任或者解聘。

经履行出资人职责的机构同意，董事会成员可以兼任经理。

第一百七十五条 国有独资公司的董事、高级管理人员，未经履行出资人职责的机构同意，不得在其他有限责任公司、股份有限公司或者其他经济组织兼职。

第一百七十六条 国有独资公司在董事会中设置由董事组成的审计委员会行使本法规定的监事会职权的，不设监事会或者监事。

第一百七十七条 国家出资公司应当依法建立健全内部监督管理和风险控制制度，加强内部合规管理。

第八章 公司董事、监事、高级管理人员的资格和义务

第一百七十八条 有下列情形之一的，不得担任公司的董事、监事、高级管理人员：

（一）无民事行为能力或者限制民事行为能力；

（二）因贪污、贿赂、侵占财产、挪用财产或者破坏社会主义市场经济秩序，被判处刑罚，或者因犯罪被剥夺政治权利，执行期满未逾五年，被宣告缓刑的，自缓刑考验期满之日起未逾二年；

（三）担任破产清算的公司、企业的董事或者厂长、经理，对该公司、企业的破产负有个人责任的，自该公司、企业破产清算完结之日起未逾三年；

(四)担任因违法被吊销营业执照、责令关闭的公司、企业的法定代表人,并负有个人责任的,自该公司、企业被吊销营业执照、责令关闭之日起未逾三年;

(五)个人因所负数额较大债务到期未清偿被人民法院列为失信被执行人。

违反前款规定选举、委派董事、监事或者聘任高级管理人员的,该选举、委派或者聘任无效。

董事、监事、高级管理人员在任职期间出现本条第一款所列情形的,公司应当解除其职务。

第一百七十九条 董事、监事、高级管理人员应当遵守法律、行政法规和公司章程。

第一百八十条 董事、监事、高级管理人员对公司负有忠实义务,应当采取措施避免自身利益与公司利益冲突,不得利用职权牟取不正当利益。

董事、监事、高级管理人员对公司负有勤勉义务,执行职务应当为公司的最大利益尽到管理者通常应有的合理注意。

公司的控股股东、实际控制人不担任公司董事但实际执行公司事务的,适用前两款规定。

第一百八十一条 董事、监事、高级管理人员不得有下列行为:

(一)侵占公司财产、挪用公司资金;

(二)将公司资金以其个人名义或者以其他个人名义开立账户存储;

(三)利用职权贿赂或者收受其他非法收入;

(四)接受他人与公司交易的佣金归为己有;

(五)擅自披露公司秘密;

(六)违反对公司忠实义务的其他行为。

第一百八十二条 董事、监事、高级管理人员,直接或者间接与本公司订立合同或者进行交易,应当就与订立合同或者进行交易有关的事项向董事会或者股东会报告,并按照公司章程的规定经董事会或者股东会决议通过。

董事、监事、高级管理人员的近亲属,董事、监事、高级管理人员或者其近亲属直接或者间接控制的企业,以及与董事、监事、高级管理人员有其他关联关系的关联人,与公司订立合同或者进行交易,适用前款规定。

第一百八十三条 董事、监事、高级管理人员,不得利用职务便利为自己或者他人谋取属于公司的商业机会。但是,有下列情形之一的除外:

(一)向董事会或者股东会报告,并按照公司章程的规定经董事会或者股东会决议通过;

(二)根据法律、行政法规或者公司章程的规定,公司不能利用该商业机会。

第一百八十四条 董事、监事、高级管理人员未向董事会或者股东会报告,并按照公司章程的规定经董事会或者股东会决议通过,不得自营或者为他人经营与其任职公司同类的业务。

第一百八十五条 董事会对本法第一百八十二条至第一百八十四条规定的事项决议时，关联董事不得参与表决，其表决权不计入表决权总数。出席董事会会议的无关联关系董事人数不足三人的，应当将该事项提交股东会审议。

第一百八十六条 董事、监事、高级管理人员违反本法第一百八十一条至第一百八十四条规定所得的收入应当归公司所有。

第一百八十七条 股东会要求董事、监事、高级管理人员列席会议的，董事、监事、高级管理人员应当列席并接受股东的质询。

第一百八十八条 董事、监事、高级管理人员执行职务违反法律、行政法规或者公司章程的规定，给公司造成损失的，应当承担赔偿责任。

第一百八十九条 董事、高级管理人员有前条规定的情形的，有限责任公司的股东、股份有限公司连续一百八十日以上单独或者合计持有公司百分之一以上股份的股东，可以书面请求监事会向人民法院提起诉讼；监事有前条规定的情形的，前述股东可以书面请求董事会向人民法院提起诉讼。

监事会或者董事会收到前款规定的股东书面请求后拒绝提起诉讼，或者自收到请求之日起三十日内未提起诉讼，或者情况紧急、不立即提起诉讼将会使公司利益受到难以弥补的损害的，前款规定的股东有权为公司利益以自己的名义直接向人民法院提起诉讼。

他人侵犯公司合法权益，给公司造成损失的，本条第一款规定的股东可以依照前两款的规定向人民法院提起诉讼。

公司全资子公司的董事、监事、高级管理人员有前条规定情形，或者他人侵犯公司全资子公司合法权益造成损失的，有限责任公司的股东、股份有限公司连续一百八十日以上单独或者合计持有公司百分之一以上股份的股东，可以依照前三款规定书面请求全资子公司的监事会、董事会向人民法院提起诉讼或者以自己的名义直接向人民法院提起诉讼。

第一百九十条 董事、高级管理人员违反法律、行政法规或者公司章程的规定，损害股东利益的，股东可以向人民法院提起诉讼。

第一百九十一条 董事、高级管理人员执行职务，给他人造成损害的，公司应当承担赔偿责任；董事、高级管理人员存在故意或者重大过失的，也应当承担赔偿责任。

第一百九十二条 公司的控股股东、实际控制人指示董事、高级管理人员从事损害公司或者股东利益的行为的，与该董事、高级管理人员承担连带责任。

第一百九十三条 公司可以在董事任职期间为董事因执行公司职务承担的赔偿责任投保责任保险。

公司为董事投保责任保险或者续保后，董事会应当向股东会报告责任保险的投保金额、承保范围及保险费率等内容。

第九章　公司债券

第一百九十四条　本法所称公司债券,是指公司发行的约定按期还本付息的有价证券。

公司债券可以公开发行,也可以非公开发行。

公司债券的发行和交易应当符合《中华人民共和国证券法》等法律、行政法规的规定。

第一百九十五条　公开发行公司债券,应当经国务院证券监督管理机构注册,公告公司债券募集办法。

公司债券募集办法应当载明下列主要事项:

(一)公司名称;

(二)债券募集资金的用途;

(三)债券总额和债券的票面金额;

(四)债券利率的确定方式;

(五)还本付息的期限和方式;

(六)债券担保情况;

(七)债券的发行价格、发行的起止日期;

(八)公司净资产额;

(九)已发行的尚未到期的公司债券总额;

(十)公司债券的承销机构。

第一百九十六条　公司以纸面形式发行公司债券的,应当在债券上载明公司名称、债券票面金额、利率、偿还期限等事项,并由法定代表人签名,公司盖章。

第一百九十七条　公司债券应当为记名债券。

第一百九十八条　公司发行公司债券应当置备公司债券持有人名册。

发行公司债券的,应当在公司债券持有人名册上载明下列事项:

(一)债券持有人的姓名或者名称及住所;

(二)债券持有人取得债券的日期及债券的编号;

(三)债券总额,债券的票面金额、利率、还本付息的期限和方式;

(四)债券的发行日期。

第一百九十九条　公司债券的登记结算机构应当建立债券登记、存管、付息、兑付等相关制度。

第二百条　公司债券可以转让,转让价格由转让人与受让人约定。

公司债券的转让应当符合法律、行政法规的规定。

第二百零一条　公司债券由债券持有人以背书方式或者法律、行政法规规定的其他方式转让；转让后由公司将受让人的姓名或者名称及住所记载于公司债券持有人名册。

第二百零二条 股份有限公司经股东会决议，或者经公司章程、股东会授权由董事会决议，可以发行可转换为股票的公司债券，并规定具体的转换办法。上市公司发行可转换为股票的公司债券，应当经国务院证券监督管理机构注册。

发行可转换为股票的公司债券，应当在债券上标明可转换公司债券字样，并在公司债券持有人名册上载明可转换公司债券的数额。

第二百零三条 发行可转换为股票的公司债券的，公司应当按照其转换办法向债券持有人换发股票，但债券持有人对转换股票或者不转换股票有选择权。法律、行政法规另有规定的除外。

第二百零四条 公开发行公司债券的，应当为同期债券持有人设立债券持有人会议，并在债券募集办法中对债券持有人会议的召集程序、会议规则和其他重要事项作出规定。债券持有人会议可以对与债券持有人有利害关系的事项作出决议。

除公司债券募集办法另有约定外，债券持有人会议决议对同期全体债券持有人发生效力。

第二百零五条 公开发行公司债券的，发行人应当为债券持有人聘请债券受托管理人，由其为债券持有人办理受领清偿、债权保全、与债券相关的诉讼以及参与债务人破产程序等事项。

第二百零六条 债券受托管理人应当勤勉尽责，公正履行受托管理职责，不得损害债券持有人利益。

受托管理人与债券持有人存在利益冲突可能损害债券持有人利益的，债券持有人会议可以决议变更债券受托管理人。

债券受托管理人违反法律、行政法规或者债券持有人会议决议，损害债券持有人利益的，应当承担赔偿责任。

第十章 公司财务、会计

第二百零七条 公司应当依照法律、行政法规和国务院财政部门的规定建立本公司的财务、会计制度。

第二百零八条 公司应当在每一会计年度终了时编制财务会计报告，并依法经会计师事务所审计。

财务会计报告应当依照法律、行政法规和国务院财政部门的规定制作。

第二百零九条 有限责任公司应当按照公司章程规定的期限将财务会计报告送交各股东。

股份有限公司的财务会计报告应当在召开股东会年会的二十日前置备于本公司，

供股东查阅；公开发行股份的股份有限公司应当公告其财务会计报告。

第二百一十条　公司分配当年税后利润时，应当提取利润的百分之十列入公司法定公积金。公司法定公积金累计额为公司注册资本的百分之五十以上的，可以不再提取。

公司的法定公积金不足以弥补以前年度亏损的，在依照前款规定提取法定公积金之前，应当先用当年利润弥补亏损。

公司从税后利润中提取法定公积金后，经股东会决议，还可以从税后利润中提取任意公积金。

公司弥补亏损和提取公积金后所余税后利润，有限责任公司按照股东实缴的出资比例分配利润，全体股东约定不按照出资比例分配利润的除外；股份有限公司按照股东所持有的股份比例分配利润，公司章程另有规定的除外。

公司持有的本公司股份不得分配利润。

第二百一十一条　公司违反本法规定向股东分配利润的，股东应当将违反规定分配的利润退还公司；给公司造成损失的，股东及负有责任的董事、监事、高级管理人员应当承担赔偿责任。

第二百一十二条　股东会作出分配利润的决议的，董事会应当在股东会决议作出之日起六个月内进行分配。

第二百一十三条　公司以超过股票票面金额的发行价格发行股份所得的溢价款、发行无面额股所得股款未计入注册资本的金额以及国务院财政部门规定列入资本公积金的其他项目，应当列为公司资本公积金。

第二百一十四条　公司的公积金用于弥补公司的亏损、扩大公司生产经营或者转为增加公司注册资本。

公积金弥补公司亏损，应当先使用任意公积金和法定公积金；仍不能弥补的，可以按照规定使用资本公积金。

法定公积金转为增加注册资本时，所留存的该项公积金不得少于转增前公司注册资本的百分之二十五。

第二百一十五条　公司聘用、解聘承办公司审计业务的会计师事务所，按照公司章程的规定，由股东会、董事会或者监事会决定。

公司股东会、董事会或者监事会就解聘会计师事务所进行表决时，应当允许会计师事务所陈述意见。

第二百一十六条　公司应当向聘用的会计师事务所提供真实、完整的会计凭证、会计账簿、财务会计报告及其他会计资料，不得拒绝、隐匿、谎报。

第二百一十七条　公司除法定的会计账簿外，不得另立会计账簿。

对公司资金，不得以任何个人名义开立账户存储。

第十一章　公司合并、分立、增资、减资

第二百一十八条　公司合并可以采取吸收合并或者新设合并。

一个公司吸收其他公司为吸收合并，被吸收的公司解散。两个以上公司合并设立一个新的公司为新设合并，合并各方解散。

第二百一十九条　公司与其持股百分之九十以上的公司合并，被合并的公司不需经股东会决议，但应当通知其他股东，其他股东有权请求公司按照合理的价格收购其股权或者股份。

公司合并支付的价款不超过本公司净资产百分之十的，可以不经股东会决议；但是，公司章程另有规定的除外。

公司依照前两款规定合并不经股东会决议的，应当经董事会决议。

第二百二十条　公司合并，应当由合并各方签订合并协议，并编制资产负债表及财产清单。公司应当自作出合并决议之日起十日内通知债权人，并于三十日内在报纸上或者国家企业信用信息公示系统公告。债权人自接到通知之日起三十日内，未接到通知的自公告之日起四十五日内，可以要求公司清偿债务或者提供相应的担保。

第二百二十一条　公司合并时，合并各方的债权、债务，应当由合并后存续的公司或者新设的公司承继。

第二百二十二条　公司分立，其财产作相应的分割。

公司分立，应当编制资产负债表及财产清单。公司应当自作出分立决议之日起十日内通知债权人，并于三十日内在报纸上或者国家企业信用信息公示系统公告。

第二百二十三条　公司分立前的债务由分立后的公司承担连带责任。但是，公司在分立前与债权人就债务清偿达成的书面协议另有约定的除外。

第二百二十四条　公司减少注册资本，应当编制资产负债表及财产清单。

公司应当自股东会作出减少注册资本决议之日起十日内通知债权人，并于三十日内在报纸上或者国家企业信用信息公示系统公告。债权人自接到通知之日起三十日内，未接到通知的自公告之日起四十五日内，有权要求公司清偿债务或者提供相应的担保。

公司减少注册资本，应当按照股东出资或者持有股份的比例相应减少出资额或者股份，法律另有规定、有限责任公司全体股东另有约定或者股份有限公司章程另有规定的除外。

第二百二十五条　公司依照本法第二百一十四条第二款的规定弥补亏损后，仍有亏损的，可以减少注册资本弥补亏损。减少注册资本弥补亏损的，公司不得向股东分配，也不得免除股东缴纳出资或者股款的义务。

依照前款规定减少注册资本的，不适用前条第二款的规定，但应当自股东会作出减少注册资本决议之日起三十日内在报纸上或者国家企业信用信息公示系统公告。

公司依照前两款的规定减少注册资本后，在法定公积金和任意公积金累计额达到公司注册资本百分之五十前，不得分配利润。

第二百二十六条 违反本法规定减少注册资本的，股东应当退还其收到的资金，减免股东出资的应当恢复原状；给公司造成损失的，股东及负有责任的董事、监事、高级管理人员应当承担赔偿责任。

第二百二十七条 有限责任公司增加注册资本时，股东在同等条件下有权优先按照实缴的出资比例认缴出资。但是，全体股东约定不按照出资比例优先认缴出资的除外。

股份有限公司为增加注册资本发行新股时，股东不享有优先认购权，公司章程另有规定或者股东会决议决定股东享有优先认购权的除外。

第二百二十八条 有限责任公司增加注册资本时，股东认缴新增资本的出资，依照本法设立有限责任公司缴纳出资的有关规定执行。

股份有限公司为增加注册资本发行新股时，股东认购新股，依照本法设立股份有限公司缴纳股款的有关规定执行。

第十二章 公司解散和清算

第二百二十九条 公司因下列原因解散：

(一)公司章程规定的营业期限届满或者公司章程规定的其他解散事由出现；

(二)股东会决议解散；

(三)因公司合并或者分立需要解散；

(四)依法被吊销营业执照、责令关闭或者被撤销；

(五)人民法院依照本法第二百三十一条的规定予以解散。

公司出现前款规定的解散事由，应当在十日内将解散事由通过国家企业信用信息公示系统予以公示。

第二百三十条 公司有前条第一款第一项、第二项情形，且尚未向股东分配财产的，可以通过修改公司章程或者经股东会决议而存续。

依照前款规定修改公司章程或者经股东会决议，有限责任公司须经持有三分之二以上表决权的股东通过，股份有限公司须经出席股东会会议的股东所持表决权的三分之二以上通过。

第二百三十一条 公司经营管理发生严重困难，继续存续会使股东利益受到重大损失，通过其他途径不能解决的，持有公司百分之十以上表决权的股东，可以请求人民法院解散公司。

第二百三十二条 公司因本法第二百二十九条第一款第一项、第二项、第四项、第五项规定而解散的，应当清算。董事为公司清算义务人，应当在解散事由出现之日起十五日内组成清算组进行清算。

清算组由董事组成，但是公司章程另有规定或者股东会决议另选他人的除外。

清算义务人未及时履行清算义务，给公司或者债权人造成损失的，应当承担赔偿责任。

第二百三十三条 公司依照前条第一款的规定应当清算，逾期不成立清算组进行清算或者成立清算组后不清算的，利害关系人可以申请人民法院指定有关人员组成清算组进行清算。人民法院应当受理该申请，并及时组织清算组进行清算。

公司因本法第二百二十九条第一款第四项的规定而解散的，作出吊销营业执照、责令关闭或者撤销决定的部门或者公司登记机关，可以申请人民法院指定有关人员组成清算组进行清算。

第二百三十四条 清算组在清算期间行使下列职权：

（一）清理公司财产，分别编制资产负债表和财产清单；

（二）通知、公告债权人；

（三）处理与清算有关的公司未了结的业务；

（四）清缴所欠税款以及清算过程中产生的税款；

（五）清理债权、债务；

（六）分配公司清偿债务后的剩余财产；

（七）代表公司参与民事诉讼活动。

第二百三十五条 清算组应当自成立之日起十日内通知债权人，并于六十日内在报纸上或者国家企业信用信息公示系统公告。债权人应当自接到通知之日起三十日内，未接到通知的自公告之日起四十五日内，向清算组申报其债权。

债权人申报债权，应当说明债权的有关事项，并提供证明材料。清算组应当对债权进行登记。

在申报债权期间，清算组不得对债权人进行清偿。

第二百三十六条 清算组在清理公司财产、编制资产负债表和财产清单后，应当制订清算方案，并报股东会或者人民法院确认。

公司财产在分别支付清算费用、职工的工资、社会保险费用和法定补偿金，缴纳所欠税款，清偿公司债务后的剩余财产，有限责任公司按照股东的出资比例分配，股份有限公司按照股东持有的股份比例分配。

清算期间，公司存续，但不得开展与清算无关的经营活动。公司财产在未依照前款规定清偿前，不得分配给股东。

第二百三十七条 清算组在清理公司财产、编制资产负债表和财产清单后，发现公司财产不足清偿债务的，应当依法向人民法院申请破产清算。

人民法院受理破产申请后，清算组应当将清算事务移交给人民法院指定的破产管理人。

第二百三十八条　清算组成员履行清算职责，负有忠实义务和勤勉义务。

清算组成员怠于履行清算职责，给公司造成损失的，应当承担赔偿责任；因故意或者重大过失给债权人造成损失的，应当承担赔偿责任。

第二百三十九条　公司清算结束后，清算组应当制作清算报告，报股东会或者人民法院确认，并报送公司登记机关，申请注销公司登记。

第二百四十条　公司在存续期间未产生债务，或者已清偿全部债务的，经全体股东承诺，可以按照规定通过简易程序注销公司登记。

通过简易程序注销公司登记，应当通过国家企业信用信息公示系统予以公告，公告期限不少于二十日。公告期限届满后，未有异议的，公司可以在二十日内向公司登记机关申请注销公司登记。

公司通过简易程序注销公司登记，股东对本条第一款规定的内容承诺不实的，应当对注销登记前的债务承担连带责任。

第二百四十一条　公司被吊销营业执照、责令关闭或者被撤销，满三年未向公司登记机关申请注销公司登记的，公司登记机关可以通过国家企业信用信息公示系统予以公告，公告期限不少于六十日。公告期限届满后，未有异议的，公司登记机关可以注销公司登记。

依照前款规定注销公司登记的，原公司股东、清算义务人的责任不受影响。

第二百四十二条　公司被依法宣告破产的，依照有关企业破产的法律实施破产清算。

第十三章　外国公司的分支机构

第二百四十三条　本法所称外国公司，是指依照外国法律在中华人民共和国境外设立的公司。

第二百四十四条　外国公司在中华人民共和国境内设立分支机构，应当向中国主管机关提出申请，并提交其公司章程、所属国的公司登记证书等有关文件，经批准后，向公司登记机关依法办理登记，领取营业执照。

外国公司分支机构的审批办法由国务院另行规定。

第二百四十五条　外国公司在中华人民共和国境内设立分支机构，应当在中华人民共和国境内指定负责该分支机构的代表人或者代理人，并向该分支机构拨付与其所从事的经营活动相适应的资金。

对外国公司分支机构的经营资金需要规定最低限额的，由国务院另行规定。

第二百四十六条　外国公司的分支机构应当在其名称中标明该外国公司的国籍及责任形式。

外国公司的分支机构应当在本机构中置备该外国公司章程。

第二百四十七条 外国公司在中华人民共和国境内设立的分支机构不具有中国法人资格。

外国公司对其分支机构在中华人民共和国境内进行经营活动承担民事责任。

第二百四十八条 经批准设立的外国公司分支机构，在中华人民共和国境内从事业务活动，应当遵守中国的法律，不得损害中国的社会公共利益，其合法权益受中国法律保护。

第二百四十九条 外国公司撤销其在中华人民共和国境内的分支机构时，应当依法清偿债务，依照本法有关公司清算程序的规定进行清算。未清偿债务之前，不得将其分支机构的财产转移至中华人民共和国境外。

第十四章 法律责任

第二百五十条 违反本法规定，虚报注册资本、提交虚假材料或者采取其他欺诈手段隐瞒重要事实取得公司登记的，由公司登记机关责令改正，对虚报注册资本的公司，处以虚报注册资本金额百分之五以上百分之十五以下的罚款；对提交虚假材料或者采取其他欺诈手段隐瞒重要事实的公司，处以五万元以上二百万元以下的罚款；情节严重的，吊销营业执照；对直接负责的主管人员和其他直接责任人员处以三万元以上三十万元以下的罚款。

第二百五十一条 公司未依照本法第四十条规定公示有关信息或者不如实公示有关信息的，由公司登记机关责令改正，可以处以一万元以上五万元以下的罚款。情节严重的，处以五万元以上二十万元以下的罚款；对直接负责的主管人员和其他直接责任人员处以一万元以上十万元以下的罚款。

第二百五十二条 公司的发起人、股东虚假出资，未交付或者未按期交付作为出资的货币或者非货币财产的，由公司登记机关责令改正，可以处以五万元以上二十万元以下的罚款；情节严重的，处以虚假出资或者未出资金额百分之五以上百分之十五以下的罚款；对直接负责的主管人员和其他直接责任人员处以一万元以上十万元以下的罚款。

第二百五十三条 公司的发起人、股东在公司成立后，抽逃其出资的，由公司登记机关责令改正，处以所抽逃出资金额百分之五以上百分之十五以下的罚款；对直接负责的主管人员和其他直接责任人员处以三万元以上三十万元以下的罚款。

第二百五十四条 有下列行为之一的，由县级以上人民政府财政部门依照《中华人民共和国会计法》等法律、行政法规的规定处罚：

（一）在法定的会计账簿以外另立会计账簿；

（二）提供存在虚假记载或者隐瞒重要事实的财务会计报告。

第二百五十五条 公司在合并、分立、减少注册资本或者进行清算时，不依照本法规定通知或者公告债权人的，由公司登记机关责令改正，对公司处以一万元以上十万元以下的罚款。

第二百五十六条 公司在进行清算时，隐匿财产，对资产负债表或者财产清单作虚假记载，或者在未清偿债务前分配公司财产的，由公司登记机关责令改正，对公司处以隐匿财产或者未清偿债务前分配公司财产金额百分之五以上百分之十以下的罚款；对直接负责的主管人员和其他直接责任人员处以一万元以上十万元以下的罚款。

第二百五十七条 承担资产评估、验资或者验证的机构提供虚假材料或者提供有重大遗漏的报告的，由有关部门依照《中华人民共和国资产评估法》、《中华人民共和国注册会计师法》等法律、行政法规的规定处罚。

承担资产评估、验资或者验证的机构因其出具的评估结果、验资或者验证证明不实，给公司债权人造成损失的，除能够证明自己没有过错的外，在其评估或者证明不实的金额范围内承担赔偿责任。

第二百五十八条 公司登记机关违反法律、行政法规规定未履行职责或者履行职责不当的，对负有责任的领导人员和直接责任人员依法给予政务处分。

第二百五十九条 未依法登记为有限责任公司或者股份有限公司，而冒用有限责任公司或者股份有限公司名义的，或者未依法登记为有限责任公司或者股份有限公司的分公司，而冒用有限责任公司或者股份有限公司的分公司名义的，由公司登记机关责令改正或者予以取缔，可以并处十万元以下的罚款。

第二百六十条 公司成立后无正当理由超过六个月未开业的，或者开业后自行停业连续六个月以上的，公司登记机关可以吊销营业执照，但公司依法办理歇业的除外。

公司登记事项发生变更时，未依照本法规定办理有关变更登记的，由公司登记机关责令限期登记；逾期不登记的，处以一万元以上十万元以下的罚款。

第二百六十一条 外国公司违反本法规定，擅自在中华人民共和国境内设立分支机构的，由公司登记机关责令改正或者关闭，可以并处五万元以上二十万元以下的罚款。

第二百六十二条 利用公司名义从事危害国家安全、社会公共利益的严重违法行为的，吊销营业执照。

第二百六十三条 公司违反本法规定，应当承担民事赔偿责任和缴纳罚款、罚金的，其财产不足以支付时，先承担民事赔偿责任。

第二百六十四条 违反本法规定，构成犯罪的，依法追究刑事责任。

第十五章　附　　则

第二百六十五条　本法下列用语的含义：

（一）高级管理人员，是指公司的经理、副经理、财务负责人，上市公司董事会秘书和公司章程规定的其他人员。

（二）控股股东，是指其出资额占有限责任公司资本总额超过百分之五十或者其持有的股份占股份有限公司股本总额超过百分之五十的股东；出资额或者持有股份的比例虽然低于百分之五十，但依其出资额或者持有的股份所享有的表决权已足以对股东会的决议产生重大影响的股东。

（三）实际控制人，是指通过投资关系、协议或者其他安排，能够实际支配公司行为的人。

（四）关联关系，是指公司控股股东、实际控制人、董事、监事、高级管理人员与其直接或者间接控制的企业之间的关系，以及可能导致公司利益转移的其他关系。但是，国家控股的企业之间不仅因为同受国家控股而具有关联关系。

第二百六十六条　本法自 2024 年 7 月 1 日起施行。

本法施行前已登记设立的公司，出资期限超过本法规定的期限的，除法律、行政法规或者国务院另有规定外，应当逐步调整至本法规定的期限以内；对于出资期限、出资额明显异常的，公司登记机关可以依法要求其及时调整。具体实施办法由国务院规定。

最高人民法院关于适用《中华人民共和国公司法》时间效力的若干规定

（2024年6月27日最高人民法院审判委员会第1922次会议通过　自2024年7月1日起施行　法释〔2024〕7号）

为正确适用2023年12月29日第十四届全国人民代表大会常务委员会第七次会议第二次修订的《中华人民共和国公司法》，根据《中华人民共和国立法法》《中华人民共和国民法典》等法律规定，就人民法院在审理与公司有关的民事纠纷案件中，涉及公司法时间效力的有关问题作出如下规定。

第一条　公司法施行后的法律事实引起的民事纠纷案件，适用公司法的规定。

公司法施行前的法律事实引起的民事纠纷案件，当时的法律、司法解释有规定的，适用当时的法律、司法解释的规定，但是适用公司法更有利于实现其立法目的，适用公司法的规定：

（一）公司法施行前，公司的股东会召集程序不当，未被通知参加会议的股东自决议作出之日起一年内请求人民法院撤销的，适用公司法第二十六条第二款的规定；

（二）公司法施行前的股东会决议、董事会决议被人民法院依法确认不成立，对公司根据该决议与善意相对人形成的法律关系效力发生争议的，适用公司法第二十八条第二款的规定；

（三）公司法施行前，股东以债权出资，因出资方式发生争议的，适用公司法第四十八条第一款的规定；

（四）公司法施行前，有限责任公司股东向股东以外的人转让股权，因股权转让发生争议的，适用公司法第八十四条第二款的规定；

（五）公司法施行前，公司违反法律规定向股东分配利润、减少注册资本造成公司损失，因损害赔偿责任发生争议的，分别适用公司法第二百一十一条、第二百二十六条的规定；

（六）公司法施行前作出利润分配决议，因利润分配时限发生争议的，适用公司法第二百一十二条的规定；

（七）公司法施行前，公司减少注册资本，股东对相应减少出资额或者股份数量发生争议的，适用公司法第二百二十四条第三款的规定。

第二条　公司法施行前与公司有关的民事法律行为，依据当时的法律、司法解释认定无效而依据公司法认定有效，因民事法律行为效力发生争议的下列情形，适用公司法的规定：

（一）约定公司对所投资企业债务承担连带责任，对该约定效力发生争议的，适用公司法第十四条第二款的规定；

（二）公司作出使用资本公积金弥补亏损的公司决议，对该决议效力发生争议的，适用公司法第二百一十四条的规定；

（三）公司与其持股百分之九十以上的公司合并，对合并决议效力发生争议的，适用公司法第二百一十九条的规定。

第三条 公司法施行前订立的与公司有关的合同，合同的履行持续至公司法施行后，因公司法施行前的履行行为发生争议的，适用当时的法律、司法解释的规定；因公司法施行后的履行行为发生争议的下列情形，适用公司法的规定：

（一）代持上市公司股票合同，适用公司法第一百四十条第二款的规定；

（二）上市公司控股子公司取得该上市公司股份合同，适用公司法第一百四十一条的规定；

（三）股份有限公司为他人取得本公司或者母公司的股份提供赠与、借款、担保以及其他财务资助合同，适用公司法第一百六十三条的规定。

第四条 公司法施行前的法律事实引起的民事纠纷案件，当时的法律、司法解释没有规定而公司法作出规定的下列情形，适用公司法的规定：

（一）股东转让未届出资期限的股权，受让人未按期足额缴纳出资的，关于转让人、受让人出资责任的认定，适用公司法第八十八条第一款的规定；

（二）有限责任公司的控股股东滥用股东权利，严重损害公司或者其他股东利益，其他股东请求公司按照合理价格收购其股权的，适用公司法第八十九条第三款、第四款的规定；

（三）对股份有限公司股东会决议投反对票的股东请求公司按照合理价格收购其股份的，适用公司法第一百六十一条的规定；

（四）不担任公司董事的控股股东、实际控制人执行公司事务的民事责任认定，适用公司法第一百八十条的规定；

（五）公司的控股股东、实际控制人指示董事、高级管理人员从事活动损害公司或者股东利益的民事责任认定，适用公司法第一百九十二条的规定；

（六）不明显背离相关当事人合理预期的其他情形。

第五条 公司法施行前的法律事实引起的民事纠纷案件，当时的法律、司法解释已有原则性规定，公司法作出具体规定的下列情形，适用公司法的规定：

（一）股份有限公司章程对股份转让作了限制规定，因该规定发生争议的，适用公司法第一百五十七条的规定；

（二）对公司监事实施挪用公司资金等禁止性行为、违法关联交易、不当谋取公司商业机会、经营限制的同类业务的赔偿责任认定，分别适用公司法第一百八十一条、第一百八十二条第一款、第一百八十三条、第一百八十四条的规定；

（三）对公司董事、高级管理人员不当谋取公司商业机会、经营限制的同类业务的赔偿责任认定，分别适用公司法第一百八十三条、第一百八十四条的规定；

（四）对关联关系主体范围以及关联交易性质的认定，适用公司法第一百八十二条、第二百六十五条第四项的规定。

第六条　应当进行清算的法律事实发生在公司法施行前，因清算责任发生争议的，适用当时的法律、司法解释的规定。

应当清算的法律事实发生在公司法施行前，但至公司法施行日未满十五日的，适用公司法第二百三十二条的规定，清算义务人履行清算义务的期限自公司法施行日重新起算。

第七条　公司法施行前已经终审的民事纠纷案件，当事人申请再审或者人民法院按照审判监督程序决定再审的，适用当时的法律、司法解释的规定。

第八条　本规定自 2024 年 7 月 1 日起施行。